왜 독특함은 인간을 위대하게 만드는가

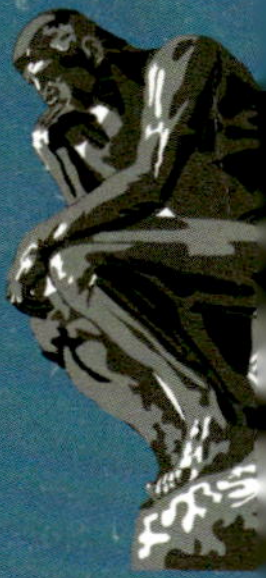

2권 _ 대체 불가능한 존재가 되는 방법

김병완

플랫폼연구소

왜 독특함은 인간을 위대하게 만드는가 _ 2권

대체 불가능한 존재가 되는 방법

"(기업, 그리고 당신에게)

차이, 특히 극적인 차이야말로
브랜딩의 전부다.

당신은 어떤 면에서 독특한가?

그걸 찾아내라.
그걸 선전하라.
그걸 키워라."

톰 피터스,
<인재>, 51쪽

프롤로그_ 독특함은 부와 성공을 끌어당긴다.

시대가 바뀌었다.
이제는 '감성과 창조의 시대' 다.

" 부와 성공을 보장하는 것은 당신의
독특함이다."

당신에게는 이 세상에 내놓을 만한 당신만의 '독특함' 이 있는 가? 없다면 지금부터 당신만 가지고 있는 당신만의 '독특함 '을 만들어나가야 한다. 독특함을 만들기 위해서는 무엇보다 독특함에 미쳐야 한다.

왜 굳이 독특함에 미쳐야 하는 가? 그저 열심히 살아가면 안 되는 것일까?

그 이유는 이것이다.

"독특함은 독특함에 미치는 자에게만 주어진다. "

바로 이것 때문이다. 그러므로 이 책을 통해 독특함에 미치는 인생이 되어야 한다.

한번 뿐인 인생을 시시하게 살다갈 것인가?
독특함에 미침으로써 남과 다른 인생을 보란 듯이 살아낼 것인가?

선택은 당신에게 달려 있다.
선택은 당신의 몫이다.

당신은 한번 뿐인 인생을 평범하게 살다 갈 것인가? 독특함을 갈망하며 위대한 삶을 살다 갈 것인가?

'성공을 쫓지 말고 독특함에 미쳐라.' 성공을 쫓기 때문에 성공을 하지 못 한다는 사실을 아는 가? 성공을 하고 싶다면 성공을 쫓지 말고 독특함을 갈망하고 독특함을 쫓아야 한다. 독특함을 갈망하며 독특함을 쫓는 사람에게는 항상 부와 성공이 부산물로 생긴다는 사실을 명심해야 한다.

“ 진정한 성공의 전략은 성공을 쫓는 것이 아니라 독특함을 갈망하고 독특함을 쫓는 것이다. “

그렇다면 독특함을 갈망하고 독특함을 갖추기 위해서는 어떻게 해야 하는가?

당신의 외면인 세상에 집중하기 보다는 당신 자신의 내면에 집중해야 한다. 자기 자신을 깊고 넓게 성찰해 보아야 한다. 자기 자신의 강점에 집중하는 자기 경영의 대가가 되어야 한다.

어느 시대에나 어려운 상황에서 성공을 이루어낸 사람들은 모두 자기 자신을 경영하여 성공한 사람들이었다. 자기 자신을 경영한다는 것은 그렇다면 무엇을 말하는 것일까?

진정한 자기 경영은 자신을 관리하여 궁극적으로 독특함에 이르게 해야 한다. 지금은 남들보다 잘 하는 사람이 아닌 남과 다른 튀는 사람이 더 필요한 감성과 창조의 시대이기 때문이다.

지금까지 출간된 많은 책들은 '자기 자신을 경영한다' 는 것을 혁신을 하거나, 시간 관리를 하는 것에 초점을 맞추고 있다. 하지만 진정한 자기 경영은 자신의 강점을 경영하는 것이다. 왜냐하면 자신의 강점을 경영할 때 독특함에 이를 수 있게 되기 때문이다.

이러한 사실을 등한시하고, 오직 남들처럼 되는 길, 남들이 갔던 길을 가는 길을 따라 가는 것, 즉 스펙을 쌓고, 남들 수준보다 조금 더 잘 하기 위해, 즉 눈앞의 성공을 쫓아서 오늘도 고군분투하고 있다. 하지만 우리가 명심해야 할 것은 우리로 하여금 정상에 서게 해 주는 것은 성공을 쫓는 전략이 아니라 독특함을 쫓는 전략이라는 것이다.

기회가 아무리 와도, 준비된 자에게만 그것이 기회로 다가온다. 많은 사람들이 제대로 준비를 하지 않고, 성공하기에만 열중하고, 남들만 따라 하면서 바쁘게 살고 있다. 그렇게 정신없이 인생의 대부분을 보내고 나서, 정신을 차리게 되면, 그 때서야 자신이 전심전력했던 자기계발이 껍데기였음을 깨닫게 되고, 인생의 긴 방황은 시작되며, 조용한 절망이 시작 되게 된다.

실패하는 인생을 살게 되는 가장 큰 이유는 자신의 잘못된 선택 때문이지, 자신이 게을러서, 혹은 실력이 부족해서가 아니다.

'성패를 결정짓는 것은 능력이 아니라 선택의 문제다.'

두 사람이 동일하게 자기 계발을 열심히 하고, 열심히 살아가지만 한 사람은 성공이란 것을 거머쥐게 되지만, 다른 한 사람은 실패의 쓰라린 잔을 마시거나, 잘 되어야 평범한 삶을 산다. 이것이 현실이다. 그렇다면, 왜 똑같이 성실하게 살았지만, 결과는 달라지는 것일까?

그것은 두 사람이 선택한 방법과 목적지가 전혀 다르기 때문이다.

한 명은 자신의 강점을 발견하고, 그 재능을 극대화하여, 자신을 더욱 더 남과 차별화하고 자신을 위대하게 만들어가는 자기계발이지만, 다른 한 명은 자기 자신의 강점에 집중하기 보다는 타인에게 더 집중하여, 타인의 성공 법칙을 따라 하며, 타인이 이미 성공한 길을 따라가면서, 타인과 같은 성공을 하기 위해 노력하는 자기 계발이다.

똑같이 열심히 살았지만, 어떤 방법을 선택 하느냐에 따라, 단 한 번뿐인 인생의 질과 결과는 180도 달라진다.

당신은 어떤 인생을 살아갈 것인가?

성공을 쫓아가는 인생 대신 독특함을 쫓아가는 인생을 선택하라.

독특함을 갈망하는 사람은 외면이 아닌 내면을 응시하고, 자신을 성찰하고, 항상 깨어있는 사람이라고 할 수 있다.

" 당신의 비전은 자신의 마음속을 깊이 꿰뚫어 볼 때에만 분명해 질 것이다. 바깥을 응시하는 사람은 백일몽을 꾸지만, 내면을 응시하는 사람은 깨어 있다."

이 책에서 말하고 있는 독특함에 이르게 하는 자기 경영은 칼 구스타브 융의 말처럼, 바깥을 응시하는 자기 경영이 아니라, 자신의 내면을 응시하는 자기 경영이다.

즉 자신의 내면에 숨겨져 있는 자신만의 강점을 발견하고, 그것을 극대화하는 강점 경영이라는 점이다. 강점 경영을 중요시 하는 이유는 강점 경영을 통해, 우리는 타인을 닮아가는 혁신이 아닌, 남들과 더욱 더 차별화 되고, 남들과 더욱 더 달라지는 혁신을 할 수 있기 때문이다.

이것이 이 시대에 반드시 필요한 생존전략인 이유는 그것이 가장 큰 경쟁력이 되는 되는 시대이기 때문이다.

인생을 나름대로 열심히 살아가고 있지만, 뚜렷한 성과가 없고, 갈팡질팡하며, 길을 찾지 못 하고 방황하고 눈부신 인생보다는 평범한 인생을 살아가고 있는 사람들에게 이 책은 꼭 필요하다.

' 인생이여! 독특함에 미쳐라!

독특함에 미치는 자만이 독특함을 갖출 수 있게 된다. '

문도 두드려야 열리고, 하다못해 물 한 그릇도 구해야 받을 수 있듯,

독특함도 마찬가지이다.

이 세상에 공짜는 없다. 그저 열심히 살아가는 데 위대해진 이는 단 한 명도 없다.

독특함을 구하고, 찾고, 미친 사람만이 위대해졌던 것이다.

그러므로 지금 당장 독특함에 미쳐라.

그것이 평범했던 당신이 위대해지고, 비범해지고, 탁월해지는 유일한 방법이다. "

<목차>

제2장. 자신의 독특함을 발견하기 위한 6 단계 스텝

1. 자신의 독특함을 발견하기 위한 6 단계 스텝.
2. 재미있어서 미칠 것 같은 것에 독특함이 숨어 있다.
3. 자신이 좋아하는 일, 가슴 뛰게 하는 일을 하라.
4. 조용한 절만의 삶을 거부하라.
5. 너의 남다름이 뭐니? 넌 너고, 난 나다!
6. 남들과의 차이 속에 독특함이 숨어 있다.
7. 줄탁동시(啐啄同時)_ 독특함에 이르는 비밀!
8. 자신의 무의식이 흘러가게 내버려 두라.
9. 너의 내면 깊숙한 곳을 두드려라.

episode _ 독특함의 대가를 직접 만나라. VI

독특함의 대가 VI - 커넬 센더스

제3장. 타인의 삶으로부터 뛰어내려라

1. 새로운 것을 끊임없이 시도하라.
2. 타인의 삶으로부터 뛰어내려라.
3. 행동하지 않으면 아무것도 발견해 낼 수 없다.
4. 세상에 휘둘리지 말고, 세상을 넘어 우뚝 서라.
5. 자신만이 할 수 있는 독특한 일을 추구하라.
6. 자신만이 놀이처럼 즐길 수 있는 일을 하라.
7. 욕심내고, 집착하는 순간 평범해 진다.
8. 집착과 집중은 다른 것이다.
9. 실패가 나쁜 것만은 아니다.

episode _ 독특함의 대가를 직접 만나라. VII

독특함의 대가 VII - 스티브 잡스

제4장. 독특함에 인생을 걸어라.

1. 너 자신을 믿어라._ 확고한 신념이 독특함을

가지게 해 준다.

2. 확고한 신념은 자기 자신을 뛰어 넘을 수 있게 해 준다.
3. 독특함을 갈망하고, 독특함에 인생을 걸어라.
4. 남과 절대로 비교하지 마라.
5. 남과 경쟁하기 위해 시간을 낭비하지 마라.
6. 자신만의 길을 갈 때 위대해 질수 있다.
7. 길게, 멀리, 크게 내다볼 때 독특함을 갖출 수 있게 된다.
8. 포기 하지 않고 인내할 때 독특함에 이르게 된다.
9. 멀리 내다볼 때 확신이 생긴다.

episode _ 독특함의 대가를 직접 만나라. VIII
독특함의 대가 VIII - 빈센트 반 고흐

에필로그_ 자신을 비범하게 만드는 독특함을 발견하라.

제1장. 독특함은 린치핀이 되는 최고의 방법이다.

1. 저마다 남과 다른 무엇을 가지고 있다.

[위대한 나의 발견, 강점혁명(원제:Now, Discover Your Strengths)]의 저자인 마커스 버킹엄과 도널드 클리프턴은 자신들의 저서를 통해, 모든 사람들은 반드시 저마다 남과 다른 그 무엇인가를 가지고 있다고 역설했다. 그리고 모든 사람은 어떤 한 가지에 대해서는 다른 10만 명의 사람들보다도 더 잘 할 수 있는 일을 반드시 가지고 있다고 했다.

이것이 바로 모든 사람들이 저 마다 가지고 있는 고

유한 강점이다. 그래서 이러한 강점은 사람마다 다 다르기 때문에, 타인의 성공 법칙을 따라 하는 것으로는 절대 성공할 수 없는 것이다. 모든 사람들은 저마다 각자 잘 할 수 있는 무언가를 반드시 가지고 있다는 사실은 바로 자기경영전략이 모든 사람에게 유익한 성공 전략이 될 수 있다는 사실을 말해 주고 있는 것과 다를 바 없다.

성공을 하는 사람들을 아무리 살펴봐도, 그 사람이 꿈을 시각화했기 때문에, 결정적으로 성공할 수 있었다고 장담 할 수 있는 그 어떤 것도 발견할 수 없다. 꿈을 시각화 하지 않고 성공한 사람들의 사례도 적지 않게 발견할 수 있기 때문이다.

이와 비슷한 경우로, 혹은 자신을 믿고, 반드시 할 수 있다는 신념을 가졌기 때문에, 그들이 결정적으로 성공할 수 있었다고 딱 잘라서 말 할 수는 있는 어떤 근거도 찾을 수 없다. 왜냐하면, 그러한 것들은 어쩌면 가시적으로 보이는 하나의 성공 과정에서 자연스럽게 나타나는 종속물일 수 있다는 것이다. 뿐만 아니라, 그렇게 하지 않았는데도 성공한 사람이 없다고는 확실하게 말 할 수 없기 때문이다.

그래서 성공으로 향하는 길은 매우 비슷한 듯하지만, 자세히 들여다보면, 백이면 백 전부 다 다른 길을 걸어갔음을 알 수 있는 것이다. 하지만 그렇게 다른 길과 다른 조건을 통해 성공을 하는 사람들도, 모두 동일하게 통과해야 하는 길이라고 할 수 있는 것은 실패를 많이 경험하게 된다는 것이다.

어떤 사람들이라도 성공하는 사람치고, 실패를 여러 번 겪어 보지 않은 사람은 존재 할 수 없지만, 우리가 명심해야 할 사항은 성공의 조건과 비결이 사람마다 다 다르다는 사실이다. 누구에게는 성공의 가장 큰 조건이 열정이 될 수 있을 것이다.

실제로 열정 때문에 성공한 사람이 있다. 그리고 또 다른 누구에게는 성공의 가장 큰 조건이 꾸준함이 될 수 있을 것이다. 그리고 또 다른 누구에게는 자기 자신에 확신과 자신감이 성공의 가장 큰 조건이 될 수 있을 것이다.

그리고 또 다른 누구에게는 꿈을 꾸고, 꿈을 생생하게 시각화하는 것이 결정적인 성공의 조건이 될 수 있었을 것이다. 그렇기 때문에, 우리는 타인의 성공의 법칙과 조건과 방법을 무작정 따라 하고 흉내 내면 안 된다는 것이다. 자신의 강점이 남다른 뜨거운 열정이라면 모르겠지만, 무작정 열정을 흉내 내고, 따라 하려고 하는 것은 매우 어리석은 짓이다. 누구에게는 냉정이 또한 경쟁력이 될 수도 있기 때문이다.

바로 그것, 저마다 다른 성공의 조건은 바로 자신의 강점을 발견하고 그것에 집중하는 것이라고 말할 수 있기 때문에, 한 마디로 자신의 강점과 강점의 발견과 그것에 대한 집중이라고 할 수 있다.

우리는 모든 사람들이 다 다르다는 만고불변의 진리에 대해 잘 알고 있다. 하지만 성공으로 가는 길은 한 가지 밖에 없다고 생각하는 오류에 깊숙이 빠져 들어가 있다. 특히 다른 사람의 성공의 길을 따라 가려고 하는 사람만큼 그러한 오류에 깊게 빠져 있는 사람은 찾아보기 어렵다. 가장 좋은 성공의 길은 저마다 다 다르기에, 자신만의 길을 가야 한다. 이런 점에서 자기 경영은 자신만의 길을 개척하고, 그 길을 갈 수 있도록 조력해 주는 좋은 전략인 것이다.

2. 사자와 하이에나의 숨길 수 없는 차이점.

사자는 풀을 뜯어 먹지 않는 다. 거미는 먹이를 쫓아가지 않는 다. 독수리는 달리지 않는 다. 다만 자신의 방법대로 살아 갈 뿐이다. 우리도 이와 마찬가지이다. 우리가 누구인지, 무엇에 강점이 있는 지 발견하고, 그 강점에 맞는 생존 전략을 만들고, 세워야 한다. 그것이 자기 경영 전략인 것이다.

사자의 경우는 자신이 강점이 초원을 질주해 초식 동물들을 순식간에 낚아채는 사냥 능력이다. 사자는 살아남기 위해서는 이러한 강점에 주력해야 한다. 그렇지 않고, 하이에나의 전략이 더 쉽고, 더 많은 먹이를 잡을 수 있을 것 같이 보인다고 해서, 자신의 사냥 능력이라는 강점을 저버리고, 하이에나의 전략을 따라 하게 된다면, 이것도 저것도 되지 않아, 굶주려 죽을 수도 있을 것이다. 그러한 예를 한 번 살펴보자.

1 사자의 강점 경영의 예

'나는 나의 강점인 사냥 능력을 극해화 하기 위해, 바람을 등진 채 몸을 낮추고 먹이가 될 초식동물들에게 최대한 접근한다. 그리고 가장 가까이 다가 갔을 때, 온 몸의 에너지를 폭발시켜, 전력 질주를 하여, 순식간에 먹이가 될 초식 동물의 숨통을 끊어 버릴 것이다. 나는 이러한 사냥 방법을 항상 고도화시키기 위해 노력을 게을리 하지 않는다. 나의 생존 전략은 작은 토끼를 잡을 때조차, 나의 강점을 최대한 활용하여, 강점에 집중하는 것이다. 이것이 나의 강점 경영인 셈이다.'

1 하이에나의 강점 경영의 예.

' 나는 스스로 사냥도 하지만, 그것은 나의 강점이 아니다. 나의 강점은 다른 포식자들이 사냥한 것을 무리 지어 달려들어 빼앗고, 도륙해 내 것으로 만드는 것이다. 나는 나의 강점에 최대한 집중해야 한다. 그것이 생존 전략이기 때문이다. 신선한 고기만을 고집하지 않고 배를 채울 수 있다면 심지어 썩은 고기도 마다하지 않고 먹어 치우고 소화해 낸다. 이것이 나의 생존 전략이며, 강점 경영이다. 나는 나의 강점에 맞추어, 나의 식생활도 변화 시켰다. 그리고 나의 라이프 스타일도 강점에 철저하게 맞추었다. 그래서 나는 어두운 밤에 자지 않고 사냥을 할 때도 많다. 남들이 잡은 것을 훔치고, 그것을 땅속 깊이 감추어 놓는 다. 외형은 볼품없지만, 나는 누구보다 더 오래 살아 남을 수 있다. 바로 나의 강점인 훔치기에 집중했기 때문이다. 이것이 나의 생존 전략이다.

이처럼, 생존 전략과 성공의 조건은 사람에게도 그대로 적용이 된다. 그래서 누구는 책을 읽는 것을 너무 좋아하고, 또한 책을 통해 살아 갈 지혜와 통찰력을 배운다. 그런 사람에게는 바로 그것이 강점으로 작용할 수 있다. 또 누구는 책을 읽는 것보다 타인의 말을 듣는 것을 잘하고, 좋아하는 사람이 있다. 그렇다면 전자는 책과 관련된 일을 찾아서 해야 성공할 수 있을 뿐만 아니라, 행복할 것이다. 후자는 책과 관련된 일보다는 다른 사람의 말을 잘 듣고, 대화를 많이 하는 일과 관련된 토크쇼 사회자나 진행자나, 컨설턴트와 같은 일을 할 때, 대성할 수 있을 것이다. 물론 그런 사람들은 그러한 활동 그 자체만으로도 충분한 행복을 누릴 수도 있을 것이다. 그래서 강점에 초점을 맞추어 직업을 선택하는 사람들은 그 자체로도 매우 행복한 사람들이다. 이것이 강점 경영의 최고의 혜택이라고 할 수 있다. 이러한 점은 또한 강점 경영의 최고의 경쟁력이 되기도 하는 것이다.

우리가 맞이할 다차원적인 극단적 미래

뉴욕타임스, CNN, 월스트리트 저널에서 미래학 분야의 세계적 구루로 평가 받고 있는 제임스 캔턴 박사는 다음과 같은 의미심장한 말을 우리에게 던진바 있다.

" 우리가 맞이할 미래는 '극단적 미래Extreme future' 가 될 것이다. 극단적 미래는 역동적이면서도 지금과는 단절된 다차원적인 성향이 강할 것이다.”

그는 비즈니스, 의학, 경제, 에너지, 인재, 경영, 세계화, 문화 등의 10 가지 이슈를 통해, 그것들이 우리의 삶과 비즈니스를 어떻게 바꾸어 놓을 지 자세히 설명한 책인 [극단적 미래예측(The Extreme Future)]이란 책을 통해, 놀라운 사실을 주장하고 있다.

그의 주장은 한 마디로 미래는 현재와 다른 시각으로 바라 봐야 하고, 다른 방법과 다른 차원에서 대처해 나가야 한다고 말하고 있다. 왜냐하면 지금까지 우리가 겪고 살아왔던 현재와는 전혀 다른 변화와 다른 문제, 다른 종류의 위기가 기다리고 있기 때문이라고 말하고 있다. 그래서 그는 극단적 미래를 정의하는 5 가지 키워드로 ‘변화의 속도’, ‘전혀 관련이 없는 것들이 복잡하게 얽히는 복잡성’, ‘세계적인 경제 위기, 위험, 테러와 범죄와 같은 위험도’, ‘직업’, ‘지역 사회’, ‘인간관계의 극단적인 변화’, ‘예측 불가능한 놀라운 일들의 발생’을 꼽고 있다.

미래학의 세계적 구루인 제임스 캔턴의 말 대로, 시대가 그만큼 빠르게 변화 되고, 그로 인해, 더욱 더 복잡하고 혼란스러운 극단적인 변화들을 통해, 우리들은 과거에는 전혀 생각지도 못 한 그러한 변화와 혁신의 격동의 시대를 맞이하며 살아야 한다. 그렇기 때문에, 그러한 변화와 변화의 속도와 복잡성과 예측 불가능성을 극복하고, 대처하기 위해, 이전의 성공의 법칙들과는 다른 새로운 차원의 전략이 필요하다고 할 수 있다. 이런 점에서, 규격화되고, 표준화되고, 정형화된 스펙을 쌓는 것에 전념하는 것은 자신을 규격화된 틀에 가두는 꼴이 된다. 그렇기 때문에, 정해진 어떤 직업 밖에서 할 수 없는 그런 사람이 된다. 그 결과 그런 사람들은 직장에서 나왔을 때, 아무것도 할 수 없는 자신을 발견하게 되고, 절망하게 된다. 비록 스펙은 화려함에도 불구하고 말이다.

3. 군자불기가 독특함의 본질이다.

놀라운 사실은 이러한 점을 수 천 년 전의 인물인 공자가 언급을 했다는 사실이다. 그의 어록을 담은 책인 [논어(論語)]에 보면 다음과 같은 구절이 나온다.

" 군자불기 (君子不器)"

" 군자는 스스로를 가둠이 없어야 한다."

즉 이 말의 뜻은 군자는 한 두 자기 분야에만 훌륭한 전문가가 되어서는 안 된다는 뜻이다. 일정한 크기와 모양에 국한되어 있는 그릇과 같이 정형화 되면, 더 이상 그 그릇의 쓰임새는 제한을 받게 된다. 그래서 한 두 분야에만 사용이 가능한 규격화된 그릇과 같은 인생을 살아서는 안 된다는 것이다.

우리가 우려해야 할 것은 현재 젊은이들이 열심히 하고 있는 스펙 쌓기는 바로 스스로를 정해진 노선과 인생길로 스스로를 가둘 수 있는 덫과 같은 것이 될 수 있다는 사실을 명심해야 한다는 점이다. 이렇게 자신을 스스로 한정된 분야와 틀 속에 가두게 되면 더 이상 위대해진다는 것은 불가능한 일이 되어 버리기 때문이다.

우리로 하여금 좋은 직장에 들어갈 수 있게 해 주고, 좋은 대우를 받을 수 있게 해 주고, 승진을 할 수 있게 해 주는 좋은 스펙이 우리로 하여금, 스스로 가두어 버리는 그러한 틀이 되어 버릴 수도 있다는 것이다. 그래서 이러한 부작용을 최소화하기 위해서 반드시 필요한 것이 강점경영 위주의 자기 경영인 것이다.

누군가 남들을 따라, 취업이 잘된다는 공대에 입학을 했다. 그리고 앞으로 아주 각광을 받게 될 컴퓨터 공학과를 선택했다. 그래서 죽도록 공부하여, 그 분야에서 최고가 되었다. 그 결과 좋은 직장에 남들보다 더 쉽게, 더 좋은 조건으로 취업도 할 수 있었고, 동기들보다 더 빨리 승진도 할 수 있었고, 동기들보다 더 많은 연봉도 받았다. 하지만 그 사람의 삶은 컴퓨터 공학자로서의 삶에서 결국 벗어나지 못 했다. 그 사람은 다른 분야에 놀라운 재능과 강점을 가지고 있었다는 사실을 평생 깨닫지 못 하고, 스스로 컴퓨터 공학자로서의 삶에 만족하며, 스스로 가두어 버렸던 것이다. 이 얼마나 안타까운 것인가?

우리가 우리의 인생에서 가장 크게 낭비하고 있는 것은 바로 우리의 기절 초풍할 정도로 알게 되면 놀라운 숨겨진 재능이다. 이 재능을 발견한 사람들은 최고의 삶을 살지만, 그렇지 못 한 사람들은 스스로 자신을 가두는 그러한 삶을 살 수 밖에 없다.

다른 자기계발서와 약간은 차별화된 이 책은 이전과 다른 새로운 차원의 전략으로 제시하는 것이 바로 강점 경영이 핵심인 자기 경영 전략이며, 이러한 전략을 스스로 자신을 가두는 전략이 아니라, 스스로 자신을 마음껏 자유 하게 해 주는 전략이라고 할 수 있다. 그런 점에서 자기 경영 전략은 매우 좋은 전략이 아닐 수 없는 것이다.

그리고 위대해지기 위해서는 자신을 가두거나 제한해서는 안 된다. 그런데 알게 모르게 가장 큰 제약은 스펙 쌓기이고, 자신이 선택한 학과이고, 자신이 선택한 직업이라는 사실을 알아야 한다. 그렇기 때문에 위대해지기 위해서는 자신의 인생에서 그 동안 쌓아놓은 모든 것들을 미련 없이 버리고 초심으로 돌아가 무에서 새로운 길을 시작할 수 있는 용기가 필요한 것이다.

4. 인생에서 가장 필요한 것은 지피지기이다.

청춘의 시기에 가장 선행되어야 할 과제는 자기 자신을 아는 지기知己이다. 청춘의 시기에 자신에 대해 완벽하게 알아야 한다. 자신이 무엇을 좋아하고, 자신이 어떤 체질이며, 자신이 어떤 삶을 추구하기를 갈망하며, 자신이 무엇이 되기를 열망하며, 자신의 재능이 무엇이며, 자신의 기호가 무엇인지 등등을 제대로 알지 못 한다면 성공할 수 없다.

성공의 시작과 자기 경영의 시작은 자신을 정확하게

아는 것에서 시작되기 때문이다. 청춘의 시기에 자신을 알아가는 노력을 회피할 경우, 그 대가는 매우 크다. 평생 동안 패배자로 살아야 한다. 자신을 제대로 모르면서, 세상을 제대로 알 수 없기 때문이다. 자신을 제대로 모르면서 세상을 상대로 진군할 수 없기 때문이다.

지피지기면 백전백승이라고 말한 손자의 말이 그냥 해 본 소리가 아니다. 그리고 지피보다 더욱 더 중요한 것이 지기이다. 지피는 평생 살면서 해도 늦지 않지만, 지기는 청춘의 시기가 지나고 나서 하게 되면, 그 전의 인생은 시행착오가 될 수밖에 없다. 자신을 알지 않고서는 어떤 인생의 계획도, 어떤 인생의 꿈도, 어떤 인생의 비전도 제대로 수립할 수 없다.

자신을 잘 알아야 하는 것들 중에서도 가장 중요한 사항은 자신의 강점이 무엇인가이다. 자신의 강점을 정확하게 아는 것은 평생의 밑천이 되며, 인생 계획의 든든한 반석이 되어 준다. 자신의 강점을 정확하게 모른다는 것은 반석이 흔들리고, 심지어는 반석이 없는 채로 땅 위에 혹은 모래 위에 인생 계획을 세우는 것과 다름없다.

그러므로 청춘의 시기에 다른 모든 것을 실패해도 좋다. 자신의 강점을 발견하는 것만은 실패해서는 안 된다.

지피지기 하는 것이 자기 경영이다.

" 누구도 해낸 적 없는 성취란 누구도 시도한 적 없는 방법을 통해서만 가능하다. "

이 말은 철학자인 프랜시스 베이컨의 말이다. 그의 말처럼, 누구도 해 낸 적 없는 성취는 누구도 시도한 적 없는 유일무이한 방법을 통해서만 가능하다. 그렇다면, 누가 어떻게 해야 그러한 방법을 발견해 낼 수 있을 것인가? 바로 자신의 강점을 잘 알고 있고, 그로 인해 남과 다른 자신만의 강점을 100% 발휘해 낼 수 있는 사람만이, 그러한 유일무이한 자신만의 방법을 발견해 낼 수 있는 것이다.

자신만의 강점을 발견한 사람이라면 누구나 남과 다

른 자신만의 그것을 가지고 있기 때문에, 그것을 잘 키워 나가기만 한다면, 남과 다른, 그리고 누구도 시도한 적이 없는 방법을 발견할 수 있고, 그것을 시도할 수 있게 된다. 그래서 자기 경영 전략은 유일한 방법을 만들어 내고, 그것을 활용하는 전략이라고 할 수 있는 것이다.

사막이 아름다운 것은 어딘가에 샘을 숨기고 있기 때문이듯, 우리 인간의 삶이 숭고하고 가치 있는 것은 누구라도 한 가지의 재능을 반드시 가지고 있기 때문이며, 그로 인해 사회와 국가에 공헌을 할 수 있는 가능성을 누구라도 품고 있기 때문이다. 자신에게 있을 한 가지 재능을 발견해 낸 사람은 자신을 발견한 사람이며, 자기 자신에 대해 제대로 아는 사람이다. 그리고 이 세상은 그러한 사람들에게만 길을 내어 준다는 사실도 우리는 알아야 한다. 이 세상은 개나 소나 누구에게나 길을 열어 주지 않는 다. 그만한 가치가 있는 사람인지 먼저 테스트를 해 보고 나서, 그 결과에 따라서 길을 열어 주는 것이다. 그렇기 때문에 우리는 자신의 강점에 대해 아는 사람이 되어야 한다.

자기 자신의 약점이 아닌 강점을 아는 사람은 이 세상을 아는 사람이라고 할 수 있다. 바로 이러한 사람이 지피지기(知彼知己)의 사람이다. 이런 사람은 손무孫武가 손자병법孫子兵法에서도 말했듯이 지피지기 백전불태(知彼知己 白戰不殆) 즉 '자신을 알고 적을 알면, 백번 싸워도 위태롭지 않다' 라고 했다.

이처럼 자신만의 강점을 제대로 알고, 그것을 활용할 줄 아는 사람은 아무리 많은 시도와 도전 속에서도 비록 실패를 한다해도, 완전히 무너져 버릴 만큼 위태롭지는 않을 수 있다. 오히려 실패를 하면 할수록 자신과 상대에 대해서 더욱 더 많은 것을 깨닫고 배우게 될 뿐만 아니라, 무엇보다 자신이 반드시 할 수 있다는 사실을 확실하게 믿고 있기 때문에, 결코 포기하지 않을 수 있는 것이다. 이것이 자기 경영의 큰 유익함이라고 할 수 있다.

5. 지피지기해야 하는 중요한 이유

우리가 지피지기해야 하는 가장 큰 이유 중에 하나는 자신의 강점을 잘 알고 자신의 그것에 집중하는 사람과 자신이 무엇에 대해 강점을 가지고 있는지 모른 채, 타인의 삶과 타인의 성공 법칙을 따라 하고자 하는 사람 사이에는 보이지 않는 큰 간격이 존재하기 때문이다.

" 인간은 다른 사람처럼 되고자 하기 때문에 자기 잠재력의 4분의 3을 상실한다."

라고 쇼펜하우어는 말한 적이 있다. 그의 말처럼, 우리는 다른 사람의 성공 법칙을 흉내 내고, 다른 사람이 성공하면서 갔던 길을 따라 가고자 하기 때문에, 자신의 강점의 대 부분을 상실하게 된다. 그 결과 우리는 평범한 삶을 살게 되는 것이다. 그렇기 때문에, 우리는 다른 사람처럼 되고자 해서는 안 되고, 다른 사람의 성공 법칙을 흉내 내려고 해서도 안 되는 것이다. 그렇게 하기 위해서 가장 우선시 되어야 할 행동은 자신의 강점을 파악하고, 그것에 집중하고자 하는 행동일 것이다. 이런 점에서 지피지기의 전략인 강점 경영이 필요하며, 누구에게나 어떤 상황에서도 필요한 전략인 것이다.

[왼손에는 명상록, 오른손에는 도덕경을 들어라] 라는 책에서 [도덕경(道德經)]편에 보면, 성공에는 지름길이 없다고 말하면서 다음과 같은 내용이 나온다.

" 성공한 인물의 면면을 살펴보면, 박학다식한 이가 있는가 하면 지식이 부족한 사람도 있고, 총명한 이가 있는가 하면 평범한 자질을 갖춘 사람도 있으며, 높은 신분을 타고한 사람이 있는가 하면 보통의 가정에서 태어난 사람도 있다. 요컨대 이들은 저마다 처지가 다르지만 한 가지 공통점이 있다. 바로 근면함이다.

천재 음악가 모차르트는 고단한 순회공연 속에서도 피아노 의자에 한 번 앉으면 열 시간을 훌쩍 넘기는 연습은 예사였다. 그는 이렇게 말했다. " 나처럼 열심히 하면 누구든 나만큼 성공할 수 있습니다." "

물론 이 말은 어느 정도 맞는 말이지만, 절대적으로 맞는 말은 아니다. 누구보다 더 열심히 근면하게 노력을 했음에도 모차르트만큼 성공하는 사람은 아직까지는 없다. 즉 모차르트처럼 열심히 해도 모차르트처럼 성공할 수 없다는 것이 현실이다.

그 이유는 바로 자신의 강점과 재능이 부합되는 분야를 선택하여, 그 곳에 자신의 에너지를 쏟아 부어야 한다는 것이다. 손뼉도 마주쳐야 소리가 나듯, 우리의 강점과 우리의 근면이 마주칠 때, 큰 성공이라는 소리가 나게 되는 것이다. 그렇기 때문에, 무조건 근면한 것은 매우 어리석은 것이다. 자신을 알아야 하는 것이 먼저인 것이다. 자신이 가장 큰 성공을 할 수 있는 분야를 제대로 선택할 줄 아는 사람 즉 지피지기할 줄 아는 사람만이, 근면할 때도, 성과와 결과가 더욱 더 배가 되는 것이다.

근면보다 지피지기가 우선이다.

지피지기를 하지 않고, 자신의 재능과 관련 없는 분야에서는 아무리 열심히 노력을 한다해도, 그것으로는 부족하다. 한 가지 사례를 들면, 수많은 책에서는 어떤 분야에서 큰 성공을 거둔 사람들이 남들보다 더 열심히 연습했다는 점만 부각시켜, 그들의 성공의 조건이 바로 근면함, 부지런함, 열심, 열정이라고 결론을 내고 있다.

하지만 그것이 절대 성공의 조건의 전부는 아니다. 만약에 투자한 시간에 비례하여, 결과가 정해진다면, 한국의 학생들은 세계에서 공부를 가장 잘하는 학생들이어야 한다. 하지만 현실은 그렇지 않다. 공부한 시간 순이 아니기 때문이다. 그것은 일하는 시간에 비례해서 그만큼 잘 살 수 있다는 결론 역시 그렇지 않다는 것이다. 세계에서 근로 시간이 가장 긴 나라 중에 대표적인 나라가 한국이다. 하지만 근로 시간 순으로 잘 사는 것은 절대 아님을 알 수 있다.

한국 학생들은 방과 후 평균 6 시간을 공부한다. 일본은 우리보다 적은 평균 4시간을 공부 한다. 그리고 핀란드의 경우에는 평균 2 시간을 공부한다. 이들 나라의 학생들의 학력을 조사해 보면, 언제나 핀란드가 매 번 1 등을 차지한다. 즉 세계 최고의 학력을 가지고 있다. 한국과 일본은 비슷한 학력을 가지고 있다. 근면함에 따라 순위가 매겨진다면, 1등은 우리나라가 해야 한다. 하지만,

현실은 근면함만이 전부가 아니라는 사실을 방증해 준다. 근면함보다 더 중요한 요소들이 많이 있을 수 있다는 점을 우리에게 깨우쳐 주는 것이다.

'이순신' 이라는 드라마로 우리에게 너무나 유명한 김 명민이라는 배우는 남들보다 신체운동지능이라는 재능이 그의 강점이라고 할 수 있다. 그는 1996년에 데뷔하여 별다른 주목을 받지 못했다. 하지만 그는 자신의 강점이 바로 연기라는 것을 확실히 알고 있었다. 바로 지피지기했던 인물이었다.

처음에는 주목을 받지 못 했지만, 그는 자신의 강점인 연기에 모든 것을 걸고, 포기 하지 않았다. 그 결과 그는 '이순신' 이라는 드라마로 우리에게 알려 졌고, 주목 받기 시작하여, '하얀거탑' 의 장준혁 역으로, 그리고 '베토벤 바이러스' 의 강마에 역으로 국민 배우로 등극하게 되었고, 명품 배우라는 극찬을 받게 되었다.

그를 통해 우리가 배워야 할 것은 자신의 강점을 알고, 그것에 집중할 때, 백전불태가 가능하다는 것이지, 무조건 남들처럼 근면하다고 해서, 다 성공하는 것은 아니라는 점이다. 비록 처음에는 주목 받지 못 하였지만, 주목 받지 못 한 것이 위태로운 것은 아니다.

정말 위태로운 것은 명성을 얻은 후에 그에 걸 맞는 재능이나 도량이 부족할 때, 순식간에 오래 동안 공들여 쌓은 탑이 무너지는 것이다. 그런데 이렇게 되지 않기 위해서도, 자신의 강점 분야를 제대로 찾아서, 그것에 공을 들여야 한다는 점이다. 운이 좋아, 좋은 기회를 얻게 되고, 그로 인해 스포트라이트를 받을 수 있는 경우는 있지만, 그 때 정작 실력이나 재능이 부족한 것이 드러나게 되면, 수 십 년 동안 쌓아온 명성이 하루아침에 물거품이 될 수 있다는 사실을 명심하자.

시작은 누구에게나 미약하다. 하지만 강점을 알고, 그것에 모든 것을 걸 수 있는 지피지기하는 사람은 반드시 나중은 창대 하게 되고, 김 명민 배우처럼 명품 배우가 될 수 있고, 자신의 분야에서 최고가 될 수 있다.

6. 독특함을 갈망하고자 결단해야 한다.

직장인이 되던, 공무원이 되던, 교사가 되던 우리는 그 위치에서 스스로 1인 기업의 1인 CEO가 되어 스스로를 고용할 수 있고, 1인 혁명가가 될 수 있다. 심지어 우리는 주부가 되더라도, 매장의 판매사원이 되더라도, 장사를 하더라도, 신문 배달을 하더라도, 학원 강사가 되더라도, 유치원 선생님이 되더라도 스스로를 1인 혁명가로 만들어야 한다.

스스로를 1인 혁명가로 규정하고, 그렇게 만들려고 하지 않게 되면, 우리는 영락없는 낙오자로 스스로 도태되는 길을 선택한 것과 다를 바 없기 때문이다. 아무것도 결단하지 않는 다는 것은 성공을 위해, 최고가 되기 위해 어떠한 것도 선택하지 않았다는 것이며, 그것은 곧 패배자가 되는 길을 선택했다는 것과 같다.

대체 불가능한 린치핀이 되고자 결단해야만 하는 이유는 그렇게 결단하지 않으면, 절대로 그렇게 될 수가 없기 때문이다. 이와 같이 1인 혁명가가 되고자 결단해야 하는 이유도, 청춘 혁명가가 되고자 결단해야 하는 이유도, 자기 경영을 실천하고자 결단해야 하는 이유도 동일하다.

우리는 결단하지 않은 이상 아무것도 할 수 없다. 우리는 결단하지 않는 이상 아무것도 될 수 없다. 우리는 결단하지 않는 이상 아무것도 기대할 수 없다. 우리는 결단하지 않는 이상 아무런 변화도 이끌어 낼 수 없다. 그러므로 지금 이 순간, 1인 혁명가로 거듭날 것을 결단하라. 그리고 1인 혁명가가 되어라.

강원도 시골에 사는 1인 혁명가를 만나다.

최근에 출간된 신작 도서 중에 눈에 띄는 책이 하나 있다. 그것은 바로 자기계발의 멘토로 유명한 조관일박사의 [1인 혁명가가 되라] 라는 책이다. 이 책의 저자는 수 많은 자기계발서에서 전하는 조언과 가르침으로 정신무장을 하고도, 공허함을 느끼는 많은 직장인들에게 '왜 내가 존재하는지, 이 세상에 나는 어떤 존재인지' 를 자문하게 하기 위해서 이 책을 집필했다고 한다. 이 책을 통해 저자는 진솔한 이야기 형식으로 독자들에게 자연스럽게 인생의 목표를 다시 생각하게 하고, 작고 소박하지만 자신의 세상을 만들어 낼 수 있도록 조력해 주기 위해, 이 시대의 작은 1인 혁명가들의 감동적인 이야기와 삶의 아름다움과 가치와 의미를 자신의 책에 담았다.

이 책을 통해 저자가 말하고 있는 1인 혁명가는 어떤 의미에게 강점 경영을 통하여, 자신의 강점을 발견하고, 그것에 집중한 자기 경영의 대가들이라고 할 수 있을 것 같다. 최소한 1인 혁명가가 되는 길은 타인을 흉내 내고 따라 하는 방법으로는 절대 될 수 없다는 것은 분명한 사실이다. 그리고 1인 혁명가가 되는 최고의 방법은 자신의 강점을 발견해 내고, 그것을 최대한 발휘하는 것임을 이 책을 통해서 다시 한 번 깨닫게 된다.

얼굴도 다르듯, 능력도, 성향도 각양각색인 직장인들이 너도나도 하나같이 똑 같은 성공 법칙을 따라 하고, 똑같이 성공과 출세, 1등만을 추구하는 것은 개인에게나 조직에게 모두 득이 되지 않는 다는 사실을 갈파하면서, 1인 혁명가로 거듭날 것을 주문하고 있다.

이 책에서 소개하는 1인혁명가 중에 한 명의 이야기를 간단하게 소개 하면 이렇다.

강원도 시골마을의 농협 하나로 마트에서 실제로 있었던 일이라고 한다. 하나로 마트라고는 하지만 비료 보관 창고를 개조해서 만들었기에 초라하고 볼품없던 그곳에 김호순이라는 계약직 여직원이 입사했다.

김 호순 씨는 계약직으로 출근한 첫날부터 틈 날 때마다 상품 진열과 가격표를 새로 정비하고 깜빡이는 형광등과 깨진 쇼핑바구니도 새것으로 교체했다. 손님에게 '어머니' '아버지'로 친근하게 호칭하고, 상냥하게 물건의 위치를 안내했으며, 사용법이 까다로운 상품에 대해서는 상세한 설명을 아끼지 않았다.

그녀의 성실한 근무 태도가 알려지면서 너도나도 그녀를 칭찬하고 그녀를 보기 위해 일부러 마트에 들르는 조합원들도 생겨났다. 농협의 전 직원들이 그녀를 보고 긴장하게 되었고, 놀랍게도 그녀가 입사한 지 2 개월 만에 매출이 두 배 가까이 늘어났다는 이야기다.

위의 이야기에 나오는 김호순씨가 그렇게 놀라운 영향력을 끼치고, 1인 혁명가가 될 수 있었던 이유를 아쉽게도 이 책의 저자는 그녀의 성실함과 최선을 다하는 자세로 돌린다. 물론 맞는 말이다. 하지만 이러한 이유는 눈에 보이는 표면적인 이유에 불과하다. 본질적인 이유는 따로 있다고 봐야 한다.

다시 말해, 그 마트에 성실하고 최선을 다 하는 사람이 김호순씨 하나 밖에 없었다고 장담할 수는 없기 때문이다. 성실함과 최선을 다하는 사람은 이 세상에 널려 있다. 오히려 성실하지 못 하고, 최선을 다 하지 못 하는 사람은 취업도 안 되는 그런 실업자 백 만의 시대에 우리는 살고 있다. 성실하지 못 한 사람이 스펙이 좋아서, 혹은 운이 좋아서, 취업이 된다 해도, 6개월도 버티지 못 하고 쫓겨나야 한다. 성실함과 최선을 다하는 자세는 이제 이 시대를 살아가는 사람들에게는 가장 기본이 되는 삶의 태도이기 때문이다.

이처럼 김호순씨가 그렇게 놀라운 영향력을 끼칠 수 있었던 원인은 단순히 성실함과 최선을 다했기 때문만이 아니라는 사실을 우리는 꿰뚫어 볼 수 있어야 한다. 김호순씨가 원래부터 가지고 있었던 꼼꼼함과 친절함, 그리고 상대의 마음을 사로잡는 대인 관계 능력과 사교 능력 등이 그녀만이 가지고 있는 최대의 강점이었다는 데에 우리는 주목해 봐야 한다.

즉 그녀만의 강점을 최대한 발휘하였기 때문에 1인 혁명가가 될 수 있었던 것이다. 이러한 꼼꼼함과 친절함, 대인 관계 능력과 사교 능력 등은 사람을 대할 때, 남들은 도저히 흉내 내려고 해도, 흉내 낼 수 없는 그녀만의 강점인 성격이며, 친근감이며, 능력이다. 이것은 아무리 교육을 해도, 쉽게 몸에 익힐 수 있는 그런 성질의 것이 아니다,

김호순씨가 1인 혁명가가 될 수 있었던 것은 바로 자신이 남들보다 잘 할 수 있는 친근감, 친절함, 그리고 꼼꼼함과 함께 자신의 최대의 능력인 대인 관계 능력에 집

중하여, 그것을 최대한 발휘하였기 때문이라고 말 할 수 있다는 것이다.

김호순씨가 아닌 다른 사람이 김호순씨를 따라 해서, 형광등과 쇼핑바구니를 새것으로 교체하고, 손님들에게 '아버지' '어머니' 라고 부르고, 친절하게 물건의 위치를 알려주고, 사용법을 상세하게 설명을 한다고 해서 김호순씨가 했을 때와 같은 효과를 절대 얻지 못 한다는 사실을 우리는 고려해 봐야 한다.

왜냐하면 사람의 능력은 다 다르기 때문이다. 다른 사람들이 똑같이 한다고 해도 절대 김호순씨만큼 잘 할 수 없을 뿐만 아니라, 동일한 효과를 낼 수 없을 것이다. 다른 사람은 그 사람의 강점이 어떤 물건을 어떤 위치에 배열하면, 더 많이 팔리고, 어떤 음악을 틀면, 손님들이 더 많이 물건을 구매할 지에 대해 본능적으로 타고난 감각이 있는 사람일 수 있다.

이런 사람은 그러한 분야에 집중하여, 그러한 능력을 발휘해야 한다. 그리고 어떤 사람은 계절의 변화에 따라, 매장 분위기를 달리하여, 더 많이 물건을 팔 수 있게 하는 감각을 가진 사람도 있을 것이다. 어떤 사람은 마케팅을 잘 해서, 먼 곳에 살고 있는 사람들까지도 마트로 끌어 들이는 강점을 가지고 있는 사람이 있을 것이다.

이처럼 다양한 능력을 가진 사람들이 무조건 김호순씨를 따라 하고, 흉내 내는 것은 매우 어리석은 짓이며, 큰 낭비일 수 있는 것이다. 사람마다 능력과 강점 분야가 다 다르기 때문이다.

김호순씨처럼 근면 성실하게 일한다고, 1인 혁명가가 모두 되는 것은 아니라는 사실은 또한 우리로 하여금 남이 갖고 있지 않은 그 무엇인가를 발굴해 내고, 그것에 초점을 맞추어야 한다는 사실에 대해 방증하는 자료가 될 것이다. 열심히 하는 것보다 더 중요한 것은 잘 하는 것이고, 잘 하기 위해 필요한 것이 자신의 강점과 부합되는 일을 해야 한다는 사실을 명심하자. 이런 점에서 강점 경영은 1인 혁명가가 되는 최고의 비결인 셈이다.

자기 경영은 1인 혁명가가 되는 최고의 전략이면서,

동시에 리더들이 꼭 갖추어야 할 품성 중에 하나라고 할 수 있다. 왜냐하면 자기경영도 제대로 하지 못 하는 자가 어떻게 다른 사람을 경영할 수 있을 까라는 생각이 옳은 생각이기 때문이다. 이러한 사실을 아테네의 철학자인 소크라테스는 일찍이 깨닫고, 주장하였다.

" 자기 경영을 할 수 없는 사람은 다른 사람을 경영할 생각도 하지 마라."

독특함을 갈망하는 자는 자신이 가지고 있는 자원과 재능을 최대한 활용하여, 최고의 성과를 창출해 내는 사람이다. 그렇기 때문에 CEO와 같은 리더나 경영자들은 당연히 독특함을 갈망하고자 결단해야 하고, 그런 사람이어야 한다. 뿐만 아니라 그들은 자신의 부하와 조직원들도 역시 그들의 자원과 재능을 최대한 활용하여, 최고의 성과를 창출해 낼 수 있는 그런 독특함을 갈망하는 사람이 되도록 해 주어야 한다. 그것이 리더와 경영자들이 해야 할 가장 중요한 일이기 때문이다.

이런 점에서 독특함을 갈망하고자 결단하는 것은 유

일무이한 린치핀이 되는 최고의 전략이자 동시에 리더나 경영자가 되는 최고의 전략이기도 하다.

7. 대체 불가능한 린치핀이 되는 최고의 길이다.

21세기 가장 영향력 있는 비즈니스 전략가로 평가받고 있는 세스 고딘은 [보랏빛 소가 온다]라는 명저를 통해 수많은 기업인의 사고방식과 행동을 놀랍게 변화시킨 인물이다. 그래서 그는 세계에서 가장 영향력 있는 리마커블한 경영 구루이다. 그는 조직에서 누구도 대신할 수 없는 존재에 대한 책인 [린치핀(Linchpin)]이란 책을 통해, 우리에게 다음과 같은 도발적 질문을 던진다.

" 당신은 꼭 필요한 사람인가? 대체 불가한 사람인가?"

그의 질문을 좀 더 확장시켜 보자. 이 세상에서 당신

은 유일무이한 존재이며, 꼭 필요한 존재인가? 라는 질문을 독자들에게 던지고 싶다. 특히 다른 사람의 성공 법칙을 무작정 따라 하는 사람들이나 자신의 약점을 보완하는 것에 치중하여, 살아가고 있는 사람들이라면, 이러한 질문에 대답하기가 쉽지 않을 것이다.

아이러니하게도 우리 사회가 요구하는 것은 언제나 대체 가능한 평준화된 직장인이기 때문이다. 이러한 사실을 세스 고딘은 자신의 저서를 통해서 정확하게 꼬집는 다. 현대 사회의 모순 중에 하나는 수많은 사람들의 천재성과 창조성, 그리고 예술성을 말살한 채로 언제나 교체가 가능한 평범한 톱니바퀴로서의 삶에 안주하도록 세뇌시킨다고 말한다.

특히 공장이나 기업의 시스템이 모두 이러한 일에 발 벗고 나서서 그렇게 한다고 그는 주장하고 있다. 이러한 모순에 맞서는 유일한 길은 조직이나 회사에서 없어서는 안 되는 유일한 핵심 존재가 되는 길이라고 역설한다. 그러면서 그는 우리들 자신의 내면 안에 잠든 린치핀을 깨우라고 우리들 각자에게 주문하고 있다.

여기서 우리는 한 가지 명심해야 하는 것은 이 땅의 수 많은 사람들이 자신의 내면 안에 있는 잠든 린치핀을 제대로 발견하지 못 한 채로 평생을 살고 있다는 사실이다. 더불어 우리 모든 사람들이 자신의 강점을 발견하지 못 하도록, 현대 사회의 많은 교육 시스템과 조직이 우리를 세뇌시키기도 한다는 불편한 진실이다. 이런 점에서 우리에게 가장 필요한 자기 계발은 스펙 쌓는 것이 아니라, 자신의 린치핀을 발견해 내고, 그것을 깨우는 것이라고 할 수 있다. 그리고 무엇보다 이러한 린치핀이 되는 길은 바로 자신만이 잘 할 수 있는 강점을 발견하고 강화시키는 것이다.

우리 주위에 있는 대체 불가능한 린치핀!

[너만의 북극성을 따라라]의 저자인 오한숙희는 우리 시대 가장 대중적인 여성학자이며 여성 운동가답게, 부모님들의 양쪽성을 함께 쓰고 있다. 그녀는 아무도 가지 않는 길을 당당히 가고 있는 여성이다. 그래서 그녀는 외롭다. 하지만 바로 그것이 그녀에게는 경쟁력이다. 그

녀는 자신의 책을 통해, 굼벵이도 구르는 재주가 있다 했듯이, 누구나 다 한 가지 재주는 있기 때문에, 이미 블루오션은 자기 안에 있다고 한다. 다만 묻혀 있을 뿐이므로, 그것을 캐내는 것이 성공의 지름길이라고 말하면서, 주사를 못 놓는 재미있는 간호사 이야기를 한다.

그 이야기를 간단하게 소개하면 이렇다.

우리는 보통 창업을 해야만 특별한 존재가 되고, 블루오션을 창출할 수 있을 것이라고 보통 생각한다. 특히 평범한 직장에서 그 틀 속에 갇혀서 매일 일을 하면 도저히 특별한 일을 해 낼 수 없다고 생각하고 자포자기 한다. 그런데 평범한 일에서도 자기 자신만이 할 수 있는 것을 해 냄으로써 새로운 블루오션을 얼마든지 발휘할 수 있고, 그로 인해 성공할 수 있다는 것이다.

어느 동네에서 자그마한 가정의를 개업한 병원에는 간호사가 넷이 있다. 그런데 그 중 한 명은 주사를 놓지 못 한다. 정말 어처구니 없는 일이 아닐 수 없다. 간호사가 주사를 잘 못 놓는다는 것이다. 그런데 그 간호사가 그 병원에서는 린치핀이라는 것이다.

그 간호사는 아픈 사람들에 대한 마음씀씀이가 매우 깊다. 병원의 두꺼운 유리문을 힘겹게 미는 사람이 나타나면, 달려가서 문을 열어주고 친절하게 모시고, 오래 기다린 환자에게는 다시 한 번 다가가 이제 조금만 더 있으면 된다고 죄송하다고 하면서 마음에서 우러나오는 친절을 베푼다.

환자들이 지루하지 않게 진심을 다해 도와주고, 아이들에게는 맛있는 사탕을 나눠주고, 이런 저런 말을 시키고, 함께 이야기를 나누어 주어, 참을성이 없는 아이들이 답답해서 뛰거나 돌아다니는 것을 미리 막아, 다른 환자들에게 조용하고, 쾌적한 분위기를 선사한다.

생각해 보라. 동네 병원의 특성상 대기실에 사람이 조금만 많아도 소란해지기 십상인데 그 간호사 덕에 의사는 조급해하지 않으면서 환자 하나하나에 집중할 수 있게 되었던 것이다. 그리고 이렇게 진심으로 마음 써 주는 간호사와 뒷사람에게 쫓기지 않고 충분히 진료해 주는 의사가 있으니 조금 기다리더라도 그 병원에 가는 것은 당연한 일이다.

“저 간호사 없으면 우리 병원 안 된다. 주사 좀 못 놓으면 어때, 더 중요한 일을 하는 데. 주사야 다른 간호사가 놓으면 되고, 정 바쁘면 내가 놔도 되는 거구. 주사 잘 놓는 간호사는 흔해도 저런 간호사는 드물다. 내가 저 친구 나간다고 할까 봐 얼마나 신경을 쓰는 데.”

대체 불가능한 린치핀이 된다는 것은 그렇게 어려운 일이 아니다. 남들이 하지 못 하는 것을 하고, 자기 자신이 잘 할 수 있는 일을 발견하고 그것에 집중하면 된다. 보라. 간호사의 기본이라 할 주사를 못 놓는데도 그 간호사는 그 병원에서 린치핀이 되었던 것이다.

남들이 쉽게 할 수 없는 친절, 그러나 그로서는 너무나 자연스럽게 나오는 친절, 그는 간호사의 역할이라는 고정관념에 매이지 않고 자신이 잘 할 수 있는 것을 함으로써 독보적인 지위와 위치를 갖게 되었던 것이다. 생각해 보라. 주사 잘 놓는 간호사가 구하기 쉬울 까? 주사는 못 놓지만 이렇게 마음 씀씀이가 타고난 간호사가 구하기 쉬울 까?

바로 이것이 대체 불가능한 린치핀이 되는 최고의 길인 것이다. 남들이 다 하는 것, 기본에 충실 하고, 스펙을 쌓으라고 하는 것은 언제든 필요할 때, 쉽게 대체하기 위해, 조직과 회사가 직원들에게 요구하는 것이다. 또한 국가와 사회가 요구하는 것이다. 하지만 개인의 입장에서는 기본에 충실하기보다는 자신의 강점에 충실할 때, 더 큰 유익이 된다. 가장 큰 유익 중에 하나가 대체 불가능한 린치핀이 될 수 있다는 점이다.

만약에 이 간호사가 자신의 강점인 친절함과 인간적인 자신만의 서비스를 버리고, 남들처럼 주사 놓은 방법을 주야로 연습하고, 그것에 집중한다고 생각해 보라. 그 순간 그 간호사는 린치핀에서 언제나 대체 가능한 주사 잘 놓은 수많은 간호사 중에 한 명으로 전락하게 되는 것이다.

주사를 못 놓는 다고, 남들처럼 주사 놓는 연습을 주

야로 하여, 주사를 남들처럼 잘 놓게 되었다고 해서, 더 확실한 린치핀이 될 수 있는 것은 아니다. 하지만 주사를 못 놓는 다는 약점에 연연하지 않고, 자신이 남들보다 잘 할 수 있는 최대의 강점인 '자연스러우면서도 마음이 담긴 친절한 서비스' '몸에 완전히 붙은 고객 서비스'는 아무나 쉽게 따라 할 수 없는 것이다. 이런 것은 가르치고, 시킨다고 해서 할 수 있는 것이 아니다.

마음과 마음이 전해 져야 하기 때문이다. 주사는 그냥 놓으면 되지만, 서비스는 무엇보다 민감한 부분이다. 위의 이야기에 나오는 간호사의 비범함은 '주사를 못 놓으면 간호사로서 자격이 없다'라는 고정관념에 매이지 않고, 자신이 남들보다 잘 할 수 있는 일을 발견하고, 그것에 집중하여, 그러한 강점을 유감없이 최대한 발휘를 했다는 것이다.

이렇게 강점에 집중할 때, 대체 불가능한 린치핀이 될 수 있다. 하지만 이러한 강점을 잘 발휘하고 집중하는 것보다 더 어려운 것은 자신의 강점을 발견해 내지 못 해서, 그냥 평범하게 살고 있는 사람들이 너무 많다는 사실을 먼저 깨닫는 것이다. 이러한 사실을 다음의 이야기를 통해, 한 번 느껴 보자.

8. 우리 모두는 위대한 인간이 될 수 있다.

중국 춘추시대 진 나라 사람 중에 손양(孫陽)이라는 이름을 가진 백락(伯樂)이란 사람이 살았다. '백락' 이란 말은 원래 '말을 주관하는 별' 이라는 뜻이었지만, 손양이란 사람이 생김새만으로 말의 능력을 잘 파악하는 재주가 있어서, 사람들이 그렇게 부르게 되었다고 한다. 이러한 백락과 관련된 고사 성어들이 적지 아니한데, 그 이유는 바로 천리마와 같은 명마를 잘 알아보는 것이 세상사에 있어서 성공과 실패에 큰 영향을 미치기 때문이기도 하다.

하루는 백락이 진 나라 임금에게 바칠 천리마를 찾기 위해 전국을 헤매고 다니면서, 어느 작은 마을을 지나쳤다고 한다. 이 넓은 세상에는 천리마와 같은 명마들이 많았지만, 대부분의 명마들의 주인들은 그것을 알아보고, 천리마로 키우지 못 하고, 평범한 다른 말처럼 수레를 끌다가, 늙어 죽게 한다는 것이다.

백락도 이러한 사실을 잘 알기 때문에, 좋은 말을 찾는 것에 큰 기쁨을 느끼고 있었다. 그런데, 그 작은 마을을 지나칠 때, 어디선가 말의 울음소리가 들려 왔던 것이다. 그는 소리 나는 곳을 향해 달려갔다. 그리고 그 곳에서 만난 말은 천리마가 아닌, 소금수레를 끌고 가는 늙은 노쇠였다. 백락은 자기의 귀를 의심하지 않을 수 없었다. 분명 우는 소리가 우렁차고, 기개가 있었으며, 명마의 울음소리를 들었기 때문이다.

하지만 백락의 눈앞에 있는 말은 천리마의 모습이라고는 온데간데없고, 늙은 노쇠였던 것이다. 그래도 실망하지 않고 백락은 가까이 가서 그 말을 살펴보았다. 가까이서 그 말을 찬찬히 살펴 본 백락의 가슴은 미어지는 큰 아픔을 느꼈던 것이다. 너무나도 좋은 천리마의 재능을 타고 태어난 명마였지만, 그것을 미처 발견해 내지 못 하고, 평생 소금수레를 끄는 말로 살아 왔기 때문에, 천리마로서의 기세를 이미 다 잃어 버렸음을 그는 알았기 때문이다.

평생 주인의 고함과 채찍질에 천리마로서의 기개가 꺾이고, 자신의 재능을 몰라주었던 주인 때문에, 천리마였음에도 천리마로 살지 못 했기 때문이다. 천리마는 무엇보다 한 번에 곡식 한 섬을 먹어야만 한다. 그래야만 천리를 내달릴 수 있는 에너지와 기개가 살아나기 때문이다.

하지만 천리마를 못 알아 본 주인은 한 번도 천리마가 양껏 먹을 수 있도록 곡식을 주지 않았던 것이다. 이러한 환경 속에서 천리마는 그저 평범한 말로 평생 살아가다 아까운 생을 마감할 수밖에 없었던 것이다. 백락은 너무나 안타까운 마음에, 백 년에 한번 나올까 말까 한 천리마의 말 머리를 붙잡고 목을 놓아 통곡했다고 한다.

이 이야기에서 우리가 발견해야 하는 깨달음은 바로 이 이야기가 단순히 천리마에 대한 이야기가 아니라, 바로 우리 자신의 내면에 있지만 주인 된 우리가 미처 진가를 발견하지 못 한 결과 우리 내면에 있는 천리마와 같은 강점을 제대로 발견해 내고, 그 능력을 키워주지 못 하여, 평범한 사람으로 살다가 생을 마치고 마는 우리들 각자에 대한 이야기일 수 도 있다는 점이다. 바로 우리 자신들이 천리마였고, 린치핀이었다.

다만 그것을 발견하지 못 하고, 개발시키지 못 했을 뿐이다. 우리가 예술에 천재성이 있는 지, 문학에 천재성이 있는 지, 어떤 다른 분야에, 도저히 남들이 넘보지 못 할 정도의 재능을 가지고 있는 지, 제대로 다 탐색하고, 발견한 사람은 매우 드물다는 사실을 우리는 인정을 해야 한다.

먼 훗날 죽기 전에 자신도 몰랐던 엄청난 재능을 알려 주는 기회가 있다면, 우리 모두는 아마 그 순간, 백락이 백 년에 한번 나올까 말까 한 천리마의 말 머리를 붙잡고 목을 놓아 통곡한 것보다 더 격렬한 통곡을 할지도 모른다. 왜냐하면, 자신도 몰랐던 엄청난 재능이 자신의 내면에 있었다는 사실을 우리 모두는 알게 될 수도 있기 때문이다.

이런 이야기를 접하게 될 때, 가장 아쉬운 사실은 우리 내면에도 이러한 천리마나 대체 불가능한 린치핀이 잠자고 있을 수도 있다는 사실이다. 우리 모두가 각자 다른 천리마를 가지고 있을 수 있다는 사실이다. 그렇기 때문에, 강점 경영 전략은 자신의 내면에 숨겨진 천리마를 찾아서, 천리마로 키우는 전략인 셈이다.

[네 안에 잠든 거인을 깨워라]의 저자인 앤서니 라빈스는 세계에서 가장 뛰어난 인물 10인에도 선정된 적이 있는 최고의 인생 코치이다. 하지만 그가 그렇게 성공하기 불과 8년 전에는 사는 것이 괴로웠고, 좌절과 절망으로 가득 찼고, 삶을 제대로 가눌 수 없었던 그런 평범한 사람에 불과 했다.

인생을 제대로 살 수 있을지를 고민하던 가난뱅이 뚱보였다. 고작 고등학교 졸업장밖에 갖지 못 한 애송이에 불과 했다. 하지만 그는 자가용 헬리콥터로 이동을 하며,

수 천 명의 대중 앞에서 강연을 하는 사람이 되었다. 그가 어떻게 이러한 최고의 인생을 살 수 있게 되었을 까? 이러한 대답에 그는 너무나 쉽게 대답한다.

" 나는 소위 능력의 집중이라는 규칙을 활용하는 방법을 배웠고, 그것을 실천했을 뿐입니다."

따지고 보면, 그도 역시 자신의 강점을 발견하고, 그것에 집중하는 법을 터득하고, 그것을 실천함으로써, 인생의 극적인 반전이 가능했다는 사실을 알려 주는 사람 중에 한 사람이었던 것이다. 그는 자신의 저서를 통해 '우리 모두는 이미 뛰어난 전문 직업인으로서, 운명적으로 자신만의 탁월함을 가지고 태어났다' 고 말한다. 성공과 실패를 결정하는 것은 바로 자신만이 가지고 태어난 탁월함이 무엇인지 발견하고, 얼마나 많이 그것에 집중할 수 있느냐 하는 것이라는 사실이다.

강점 경영은 단순히 회사에서 성공을 하거나, 돈을 많이 벌 수 있는 그런 수준의 성공 법칙이 절대 아니다. 강점 경영은 자기 자신을 절대 대체 불가능한 린치핀이 될 수 있도록 도와주는 최고의 전략이다. 그리고 우리가 명심해야 할 사항은 아무리 회사에서 각고의 노력으로 성공을 했다고 해도, 그래서 높은 임원의 위치까지 올라갔다고 해도, 그것만으로 안심할 수 없다는 점이다.

아무리 회사에서 큰 성공을 하여, 임원이 되고, 사장이 된다 해도, 언젠가는 다른 사람으로 대체 된다는 사실을 우리는 명심해야 한다는 사실과 함께, 자신의 강점을 계발시키지 않은 사람은 길어진 인생에서 오래 동안 자신을 찾지 못 하고, 혼란과 고통을 겪게 된다는 사실이다. 이런 점에서 강점 경영은 현재도 성공의 길로 인도하지만, 인생의 후반전과 노년에 더욱 더 빛이 발하는 노후대책인 셈이다.

자신의 위치가 자신의 노후를 보장해 주지 않는 다. 자신의 강점과 재능이 자신의 노후를 보장해 주며, 현재의 위치도 더욱 더 견고하게 해 주고, 더욱 더 오랫동안 그 위치를 점령할 수 있게 해 준다.

타인의 성공 법칙은 모두 한결같이 회사나 조직에 영

혼을 파는 사람이 되는 전략이고, 이렇게 회사에 영혼을 파는 사람은 빌 조지의 말대로 아무런 보람도 찾지 못 하는 사람이 된다. 하지만 자신의 강점을 강화시키는 사람은 자신의 영혼을 회사에 팔지 않고, 오히려 자신의 영혼에 더욱 더 충실할 수 있는 사람이며, 그뿐만 아니라, 인생에서 중요한 의미와 가치, 그리고 보람도 함께 찾을 수 있는 사람이 된다는 사실을 명심하자.

9. 유일무이한 존재가 된 사람은 행복하다.

행복은 멀리 있지 않다. 자신의 강점을 발견한 적이 있는 사람은 모두 행복한 사람들이라고 말 할 수 있다. 평생 살면서 타인의 삶을 살다가 생을 마감하는 사람도 우리 주위에는 적지 않다.

평생 타인의 길을 쫓아가다가 자신의 강점이 무엇인지 발견하지 못 하고 살고 있는 사람들도 적지 않다. 그런 점에서 한 번이라도 자신의 강점을 발견한 적이 있는 사람은 행운아들이다. 그리고 행복한 사람들이다.

자신의 강점을 발견한 사람은 돈이 많은 부자보다 더 행복하고, 높은 지위에 올라간 사람보다 더 행복하다. 그것은 강점이 우리와 우리 삶에 끼치는 영향이 매우 크기 때문이다. 무엇보다 사람 그 자체를 온전하게 환희와 열정과 흥분과 희망으로 가득 차게 해 주는 것은 이 세상에 별로 없다. 자신의 강점 그것이 그러한 별로 없는 것들 중에 하나다.

강점을 발견하는 순간 우리는 인생의 광산에서 다이아몬드를 발견해 내는 순간일 것이다. 그것보다 더 환희의 순간이 아닐 수 없다. 강점은 황금알을 낳는 거위와 같은 것이다 잘 키우고, 보호해 준다면, 엄청난 부와 기쁨을 우리에게 선사해 주기 때문이다.

로또에 당첨된 사람은 과정이 없이, 부자가 되는 것이다. 그래서 기쁨이 별로 크다고 할 수 없다. 자신이 성장해 가는 과정을 지켜 볼 수 있다는 것은 큰 기쁨이며 환희이다. 그런데 자기 강점을 발견한 사람들은 이러한 과정을 생생하게 지켜 볼 수 있는 기회를 획득한 셈이 된다.

강점을 통해 발휘되는 자신의 성장 과정은 너무나 아름답고, 너무나 환상적이다. 마치 걷지 못 하던 어린 아기가 생애 최초로 아장아장 걸어가는 것을 지켜보는 부모의 벅찬 마음일 것이다. 어린이가 되어 최초로 두 발 자전거를 탈 때를 지켜보는 부모의 환희의 순간일 것이다. 돈으로 도저히 구매할 수 없는 이런 순간들을 예약해 놓은 것과 같은 것이 강점을 발견한 것에 대한 유익함과 맞먹는다.

‘이미 자신이 해야 할 일을 발견한 이들은 축복 받은 존재이다. 그러니 다른 축복을 구하지 말지어다.’ 라는 토머스 칼라일의 말처럼 우리가 강점을 발견하고 그것에 집중함으로써 자신이 평생 해야 할 일을 발견한 사람은 이 세상에 존재하는 그 어떤 왕들보다 황제들보다 더 축복 받은 존재가 아닐까?

자신만이 할 수 있는 가장 자기다운 삶을 살아가고, 자신만의 일을 하며, 자신만의 길을 개척해 나가는 사람에게는 그 자체가 훌륭한 선물이며, 행복임에 확실하다고 나는 생각한다.

자신의 강점에 집중하고, 그것을 유감없이 발휘하며 사는 인생은 한 마디로 행복한 인생이라고 할 수 있다. 그것은 왜 그럴까? 왜냐하면 사람마다 가장 큰 행복을 느끼는 것이 다른데, 강점에 집중하는 것은 곧 자기 자신에게 가장 충실한 행위이기 때문이다. 그래서 누구는 사람들 앞에서 노래를 할 때 가장 큰 희열과 기쁨을 느낀다.

하지만 어떤 다른 사람은 그것에서 어떠한 희열과 기쁨도 느끼지 못 하고, 오히려 그러한 대중 앞에 설 때, 큰 고통과 긴장을 느낀다. 또 어떤 다른 사람은 공부를 할 때, 최고의 기쁨과 희열을 느낀다. 하지만 또 어떤 다른 사람에게는 공부하는 것이 매우 큰 고통이다. 이러한 이유 때문에, 우리는 우리가 가장 좋아하는 것, 즉 우리가 가장 잘 할 수 있는 강점에 집중할 때, 행복한 삶을 살 수 있다.

이러한 사실을 긍정 심리학의 창시자인 마틴 셀리그만은 자신의 저서인 [긍정심리학]에서 다음과 같이 잘 묘사 하고 있다.

" 안락한 삶은 샴페인을 마시거나 고급 승용차로 드라이브를 하면서 누릴 수 있지만 행복한 삶은 다르다. 행복한 삶이란 참된 행복과 큰 만족을 얻기 위해 날마다 자신의 대표적인 강점을 활용하는 것이다.

내 대표적인 강점은 학문을 연구하고 가르치는 것에 대한 애정인데, 이것은 곧 내 삶의 뼈대이기도 하다. 나는 하루도 빠짐없이 이 대표적인 강점을 연마하려고 노력한다. 학생들에게 강의할 복잡한 개념을 간단명료하게 정리하거나 여덟 살배기 딸에게 브리지 게임을 가르쳐줄 때면 내 마음 깊은 곳에서 기쁨이 솟구친다. 내가 가장 기쁠 때는 학생들을 잘 가르칠 때다. 이런 날이면 기운이 절로 솟고 행복해진다.

반면 사람들을 조직하는 일은 내게 너무 힘들다. 은사나 내 주위 사람들이 이런 내 약점을 보완해주려 독려하면서 기회를 마련해주는 덕분에 회의를 진행할 때 그럭저럭 마치긴 한다. 그런데 그 이후가 문제다. 회의를 마치고 나면 기운이 솟기는커녕 맥이 탁 풀린다. 이처럼 내 약점을 보완하려고 아무리 노력해도 강의를 할 때만큼 큰 보람을 느끼지 못할뿐더러, 회의를 마치고 보고서를 작성하는 일에서도 아무런 의미를 찾지 못한다."

<마틴 셀리그만 [긍정심리학] 35쪽 중에서>

그의 말처럼, 자신을 진정으로 행복하게 하고, 기쁨이 샘솟게 하는 것은 바로 자신의 강점을 최대한 살릴 수 있는 일을 하는 것이다. 왜냐하면 그것이 유일무이한 존재가 되는 최고의 방법이기 때문이다. 그리고 너무나 기쁘게도 이러한 일은 행복한 삶의 지름길일 뿐만 아니라, 성공적인 삶의 지름길이기도 하다.

10. 진짜 성공은 진정으로 원하는 것을 하는 것이다.

아무리 돈을 많이 벌고, 아무리 큰 성공을 한다고 해도, 그 과정이 기쁨과 즐거움으로 가득 차 있는 사람과 그렇지 못 하고, 지겨운 일생을 살아온 사람은 전혀 다른 성공 이 후의 삶을 살아가게 된다. 그래서 성공 이후의 삶이 그토록 현대인들에게는 허무하게 느껴지고, 외롭고 고독하기 까지 한 것이다.

[텅 빈 레인코트, 왜 우리는 성공할수록 허전해지는가]의 저자인 세계적인 경영사상가인 찰스 핸디는 이 책을 통해 자본주의의 부조리를 설명하는 9 가지 역설에 대해 주장하고 있다. 결국 현대의 자본주의를 통해, 많은 사람들이 열심히 일을 하고, 부를 쌓을 수 있지만, 그것은 텅 빈 레인코드처럼, 성공하면 할수록 우리를 더욱 더 허전하게 만든다는 사실을 정확하게 꼬집어 내었다.

무엇보다 이렇게 이 시대가 흘러가는 가장 큰 이유 중에 하나는 자신만의 재능과 강점에 귀를 기울이지 않고, 그저 남들처럼 부와 성공에 집착하기 때문에, 결국에는 자신이 개척해 나가는 삶이 아닌, 자본주의가 우리를 이끌고 가는 대로의 삶을 살수 밖에 없게 되기 때문이라고 말할 수 있다.

이러한 삶은 아무리 큰 부와 성공을 거머쥐었다 해도, 결정적으로 자기 자신을 잃어버리게 되는 결과를 낳게 되기 때문에, 우리는 우리 내면이 텅 비게 되는 것이다.

자본주의 사회에서 우리가 성공하면 할수록, 우리의 허전함은 커질 것이다. 알맹이는 계속해서 사라지고, 껍데기만으로 채워지기 때문이다. 진짜 알맹이는 자기 자신이 누구인지? 그리고 자기 자신이 무엇을 잘 할 수 있는 지에 대해 발견하고, 그것에 초점을 맞추어, 남들이 도저히 흉내 낼 수 없는 자기만의 삶과 일을 개척해 나가는 것이다. 그리고 껍데기는 누구나 열심히 살고, 타인을 흉내 내면, 얻게 되는 허울뿐인 외형적인 직책과 직위, 그리고 신기루와 같은 명예와 인기, 권력 과 부 등이다.

우리가 스펙을 쌓기 위해, 죽도록 노력하는 것도 자

본주의가 우리에게 제공해 주는 달콤한 당근과 같은 것들, 즉 부와 명성, 높은 직책과 직위, 명예와 인기, 권력 등인 것이다. 이런 것 때문에 우리는 죽도록 공부하고, 죽도록 일을 한다. 그리고 스펙을 쌓는 다. 하지만 아무리 큰 부와 명성과 인기와 직책을 얻는 다 해도, 우리의 허전함을 그러한 것들로 도저히 채울 수 없다는 사실을 알고 있는 가?

우리의 허전함을 채울 수 있는 것은 자기 자신의 내면에 귀를 기울이고, 경청하는 것이다. 자본주의가 이끄는 대로의 삶이 아닌, 자기 자신의 내면이 진정으로 원하는 삶을 사는 것이다.

이러한 현실과 자본주의에 대해 우리들에게 올바르게 일을 선택하며, 살아갈 수 있는 큰 지혜를 깨닫게 해주는 책들 중에 하나인 [위즈덤(원제:Wisdom)]이란 책은 우리와 똑 같은 이 시대를 살아가는 사람들 중에 정치, 경제, 문화, 예술계를 대표할 수 있는 이 시대의 아이콘 수 십 명의 이야기를 우리에게 생생하게 들려준다.

그 중에 미국을 대표하는 화가인 척 클로스의 말을 간단하게 살펴보자.

“ 많은 사람들이 금요일을 기다립니다. 기다리는 정도가 아니라 학수고대합니다. 그리고 지겨운 닷새의 삶을 보상이라고 받으려는 듯 주말 동안 안간힘을 씁니다.”

많은 사람들이 주말을 학수고대한다. 그 이유는 주중에 자신이 하기 싫은 일을 하면서 너무 힘들게 살았기 때문이다. 그래서 ‘나는 재미있게 놀아야 해, 나는 끔찍했던 지난 5일을 어떻게든 보상받아야 해,’ 라는 말을 되새기며 주말을 손꼽아 기다리면서 주말에 보상을 받기를 원한다.

그는 사람들이 어떻게 해서 그렇게 사는 지 상상을 할 수 없다고 말한다. 그가 보기에 정말 미친 짓 같다는 것이다. 아무리 높은 연봉이라도 일상생활의 일부로서 즐거움이 없는 삶을 그는 도저히 살 수 없다는 것이 그의 주장이었다.

80%이상의 사람들이, 생계를 위해 하는 일에서 아무런 즐거움을 얻지 못한다고 그는 말 한다. 대부분 사람들의 인생이 그렇게 재미없는 삶을 살고 있고, 정말 미쳤다는 것이다.

그의 말은 조금도 과장이 된 말이 아니다. 정말 사실 그대로를 표현한 말이다. 그렇다면 왜 80%의 사람들이 아무런 즐거움을 얻지 못 하고 그저 생계를 위해 일하는 삶을 살아가고 있는 것일까? 그것은 바로 자신의 강점과 재능을 제대로 발견하지 못 하고, 타인의 성공과 삶에 집중하며 살았기 때문이다. 자신의 삶과 강점과 재능에 집중하는 자기 경영은 척 클로스처럼, 일상생활이 즐거움으로 가득 차 있는 삶을 살아 갈 수 있는 최고의 방법이기도 하다. 그래서 자기 경영 전략은 진정한 행복으로 가는 방법이며, 지름길이라고 할 수 있다.

[위대한 나의 발견, 강점 혁명]을 읽어보면, 맨 처음에 구본형씨가 쓴 추천사가 나온다. 그는 추천사의 제목으로 "강점을 발휘하며 사는 사람은 행복하다." 라고

정했다. 마음만 먹으면 무슨 일이든 잘 할 수 있는 사람은 사실상 이 세상에 존재 하지 않는 다는 것이다. 그리고 자기 계발이란 자신의 약점을 보완하는 것, 즉 자신의 약점에 집중하는 것이라고 잘못 인식하는 사람들이 많은데, 진정한 자기 계발은 자신의 강점에 집중함으로써 자신을 차별화시키는 것이라고 주장했다.

" 자신의 강점을 발견한 사람은 성공에 접근한 사람이다. 더 나아가 자신의 강점을 강화하고 활용하는 사람은 이미 성공한 사람이다. 자신이 가장 잘 할 수 있는 것을 하는 사람, 매일 아침 일어나 그것을 할 수 있는 사람, 그 사람이 바로 성공한 사람이고, 행복한 사람이다."

그의 말처럼, 인생의 행복은 강점을 발견하고, 발휘할 때, 시작 되지만, 인생의 비극은 강점을 발견하지 못하고, 타인을 따라 가는 삶을 살 때, 시작된다. 지난 30년 동안 200만 명을 대상으로 그들 각자가 갖고 있는 강점에 관해 인터뷰하고, 그 결과물인 [위대한 나의 발견, 강점 혁명]에서 이 책의 저자는 다음과 같은 중요한 사실을 말한다.

"인생의 진정한 비극은 우리가 충분한 강점을 갖고 있지 않다는 데에 있지 않고, 오히려 갖고 있는 강점을 충분히 활용하지 못 한다는 데에 있다."

이처럼 자신의 강점을 발견하고, 그것을 충분히 자신의 인생과 일에서 발휘할 수 있다면, 그것은 매우 행복한 일이다. 성공이나 성취는 강점 경영의 종속물에 불과하다고 할 수 있다. 그 만큼 강점 경영은 매우 유익한 삶의 방식이며, 전략이다. 다시 한 번 말하지만, 강점 경영은 가장 행복한 삶을 살아가는 최고의 전략이다.

episode _ 독특함의 대가를 직접 만나라. V
독특함의 대가 V - 다나카 고이치.

" 지금 하고 있는 일을 마음으로부터
즐기는 사람은 행복하다."

이 세상의 평범한 샐러리맨들에게 꿈과 희망을 안겨준 사람이 있다. 바로 이웃나라 일본의 평범한 샐러리맨이다. 하지만 그는 2002년 10월에 세계적인 석학들만이 받을 수 있다는 노벨상 화학상을 수상했다. 바로 '다나카 고이치'이다.

그는 따지고 보면, 석사도 아니고, 박사도 아니다. 그저 학사이다. 그리고 명문대 졸업생도 아니다. 지방대 출신의 학사이다. 그 뿐만이 아니다. 동기들보다 1년이나 늦게 졸업할 만큼 낙제생이기도 했다. 졸업 후에는 대기업 '소니'에 입사 지원을 했으나, 면접 시험 때에 면접관이 물어 보는 평범한 질문에 대해서도 대답을 할 수 없어서, 낙방을 하고 만다.

그래서 결국 중소기업인 '시마즈 제작소' 에 입사하게 되었다. 입사 한 후에도 그는 조금 모자란 듯 보였다. 남들이 그렇게 원하는 승진을 마다하고, 오직 자신이 좋아하는 연구에만 집중하는 조금은 이상한 사람이었다.

20년 넘게 그는 승진 시험을 거부하고, 연구만 할 수 있는 주임 연구원을 고수하며, 연구에 모든 것들 쏟아 부었던 것이다.

그 결과 그는 세계 최고의 석학들에게만 수여하는 노벨상을 수상하는 평범한 샐러리맨이 되었다. 과연 그처럼 평범한 학사 출신의 주임 연구원이 어떻게 해서 노벨상을 수상할 수 있었을 까?

그가 노벨상을 수상한 것은 물론이고, 그의 삶에서 우리는 그가 '자기 경영의 대가' 였다는 사실을 충분히 감지 할 수 있다. 그는 타인의 성공 비법을 좇아가고, 스펙을 쌓는 데 자신의 에너지를 쏟아 붓지 않았다. 그는 단지 자신의 강점을 발견했고, 그것에만 집중했다.

그가 발견한 자신의 강점은 바로 '연구 활동'이다. 그는 누구보다 자신의 일을 좋아했고, 자신의 일을 위해서 승진도 마다했고, 타인의 이목도 신경 쓰지 않았다. 그가 얼마나 자신의 강점에 충실하였고, 자신의 길을 고수하는 사람인지는 그가 노벨상을 수상한 후 그의 삶의 모습을 살펴 보면, 바로 알 수 있다.

만약에 평범한 사람이라면, 노벨상을 수상한 후에는 인터뷰와 강연만으로도 고수익이 보장 될 것이고, 유명인사가 되었기 때문에, 그리고 지겹게 해 온 연구 활동을 굳이 다시 할 필요가 없기 때문에, 하지 않을 수도 있었을 것이다. 하지만 그는 아니나 다를까 노벨상을 수상하여, 유명인이 되기 전과 동일하게, 자신이 가장 좋아하고, 자신의 강점인 연구 활동에만 전념할 것을 선언하였던 것이다. 출세나 명예나 부보다도 그는 자신의 길이 자신의 강점인 연구 활동이라는 사실을 더 중요시 여기고, 그것에 집중하는 모습을 우리에게 보여 주었다.

만약에 그가, 타인이 노벨상을 수상한 방법과 비결을 쫓아서, 그 방법을 따라 하였다면, 과연 노벨상을 탈 수 있었을 까? 절대 탈 수 없었을 것이다. 왜냐하면 그가 따라 했던 그 노벨상 수상자가 수상하게 되었던 그 시대와 그 상황은 절대 동일하게 재현 되지 않기 때문이다. 그렇기 때문에, 가장 중요한 성공 전략은 자신의 강점에 집중하는 것이다. 다나카 고이치는 바로 이것을 가장 잘 하는 사람이었다. 그는 자신의 강점에 집중하고, 자신의 일에 집중함으로써, 날마다 행복한 삶을 살아 왔다고 말 할 수 있다.

“ 지금 하고 있는 일을 마음으로부터 즐기는 사람은 행복하다.”

우리는 다나카 고이치를 통해, 남들을 따라 하고, 대부분의 젊은이가 하고 있는 스펙 쌓기에 대해 다시 한 번 고려해 보아야 한다. 그것에 투자할 시간과 에너지를 자신만의 강점에 투자한다면, 인생이 달라 질 것이기 때문이다. 참 된 성공 비결은 자신의 강점에 집중하는 것이기 때문이다.

한국에는 스펙이 훌륭한 인재들이 많고, 세계 명문대 졸업생들이 많다. 하지만 노벨상 수상자는 한 명도 없다. 일본에는 자신의 강점에 오롯이 집중하는 다나카 고이치와 같은 장인 정신이 투철한 이들이 많다. 그래서 노벨상 수상자들이 많은 것이다. 다시 말해, 타인의 삶을 쫓아가지 않고, 자신의 길을 발견하고, 그 길만을 끝까지 포기하지 않고, 가는 사람이 많은 것이다. 이런 사람들은 또 다른 자기 경영의 대가들인 셈이다.

제2장. 자신의 독특함을 발견하기 위한 6단계 스텝

1. 자신의 독특함을 발견하기 위한 6단계 스텝.

step 1. 자신을 세밀하게 관찰하라. 원숭이처럼!

[강점에 올인하라]라는 책에서는 강점을 발견하기 위한 다섯 가지 단서를 제시해 주고 있는 데, 그 다섯 가지 강점을 발견할 수 있는 단서는 동경, 만족감, 빠른 학습속도, 순간적인 탁월함, 완벽한 탁월함이라고 한다. 그래서 우리는 먼저 무엇에 마음이 사로잡히고 동경을 하게 되는 지 자신을 잘 관찰해야 한다.

우리가 무엇인가를 했을 때, 생각보다 큰 만족감이 우리의 마음을 감쌀 때, 바로 그것이 그토록 우리가 찾고

자 했던 우리 자신의 강점일 수 있다고 한다. 그리고 유난히 남들보다 빨리 배우는 일이 있다면 그것도 잘 관찰해 봐야 한다.

강점일 확률이 매우 높을 수 있기 때문이다. 어떤 일을 할 때, 연습도 하지 않았는데, 전혀 막힘이 없이 물 흐르듯 해 냈던 일이 있다면, 그것도 눈 여겨 관찰해 보아야 한다. 이러한 특성을 갖추고 있는 일이나 분야가 있는가? 그렇다면 좀 더 자신을 세밀하게 관찰해 보라. 그것이 자신의 강점일 수 있기 때문이다.

이러한 강점의 단서를 발견하기 위해서는 반드시 한 걸음 물러나 자신을 제대로 관찰해야만 한다. 혹시 우리 모두는 미운 오리새끼의 삶을 인생의 초반에 살아야 할 운명을 가지고 태어난 존재인지도 모른다.

왜냐하면 인생의 산전수전을 다 겪으며, 이것도 해 보고, 저것도 해 보면서, 수많은 시행착오를 통해, 비로소 자신의 참 모습, 자신의 강점이 무엇인지, 자신이 무엇을 남들보다 더 잘 할 수 있는 존재인지에 대해서 깨닫기 때문이다. 왜 그렇게 강점을 발견하는 것이 힘들 수 있고, 어려울 수 있을 까? 왜 수 많은 사람들이 자신의 강점을 발견하지 못 한 채, 평생을 평범함에 만족하며 살아가는 것일까?

그것은 바로 자기 내면에 숨겨진 강점은 매우 귀한 보물과 같은 가치와 의미가 충분히 있기 때문이다. 매우 귀한 보물일수록 찾기 힘들고, 발견하기 힘든 것이 자연의 법칙이기 때문이다. 그 만큼 강점이란 것이 인생을 최고로 살기 위해 가장 중요한 핵심 자원이기 때문이며, 핵심 경쟁력이 되고도 남는 매우 귀한 것이기 때문이다. 값지고 귀한 것일수록 우리는 발견하기 힘든 것이 자연의 섭리이다.

특히 한국사회의 획일화와 간판 중시 문화는 모든 아이들과 젊은이들에게 명문대와 좋은 학과만을 가도록 부추기는 주범이기 때문에, 한국사회를 살아온 우리들은 자신의 참 모습을 조용히 바라볼 수 있는 자유와 소중한 기회를 박탈당한 꼴이 되었다. 한국의 교육 시스템이 그랬고, 좋은 직업, 좋은 학교, 좋은 회사만을 고집하는 기성세대들이 또한 그러한 분위기를 유도하며, 자신도 피해자가 되었으면서, 성장 후에는 자신이 가해자가 되어버리는 것이다. 이것이 바로 한국 사회에 유능한 인재들이 많음에도, 노벨상 수상자가 거의 나오지 않는 이유이기도 하다.

아무리 유능한 천재라 해도, 그들은 명문대와 인기학과에 들어가면, 자기 자신만의 색깔을 잃어버리게 되기 때문이다. 자기 경영을 거의 하지 않을 때, 평범한 사람으로 전락하고 마는 것이다. 아마 노벨상을 수상하고도 남았을 수 있는 많은 한국인들이 한국 사회의 획일화와 한국 교육 문화의 편협함으로 인해, 그저 평범한 삶을 살다가, 자신의 강점을 제대로 발견도 해 보지 못 하는 것은 아닐까? 라는 착잡한 마음이 든다.

step 2. 자신을 조용히 관찰하라.

시끄러운 곳에서는 절대 어떠한 내면의 소리를 들을 수가 없다. 그래서 우리에게 필요한 것은 조용한 곳으로 떠나는 것이다. 조용한 곳에서는 그 동안 소음 때문에 잘 듣지 못 했던 내면의 외침을 들을 수 있게 된다. 그러한 내면의 외침은 진정으로 자아가 하고 싶어 하는 것이다.

자신의 강점을 발견하기 위해서는 자신을 조용히 관찰해야 할 필요가 있다. 그래서 우리에게 가장 필요한 것은 현재 자신의 삶에서 한 걸음 물러나 자신을 관찰해 보는 것이다. 그렇게 자신을 잘 관찰해 보라. 무엇에 흥미를 느끼고, 어떤 일에 동경을 하고, 자신의 성격이 어떤지, 그리고 자신이 남들보다 더 잘 할 수 있는 것이 어떤 분야의 어떤 것인지, 유난히 남들보다 더 빨리, 더 잘 배우는 분야의 것이 무엇인지 잘 관찰해 보아야 한다.

성공과 실패를 결정짓는 것은 자신의 강점을 제대로 파악했느냐, 못 했느냐 하는 것이다. 자신의 강점을 제대로 파악하지 못 한 사람은 절대로 대가가 될 수 없기 때문이다. 왜냐하면, 자신의 강점을 발견하지 못 한 사람은 자신이 태어날 때 이미 주어진 인생길과 그 방향성을 놓친 사람에 불과하기 때문이다. 그래서 그 사람이 설사 자신의 강점이 아닌 다른 분야에서 각고의 노력 끝에 성공을 했다고 해고, 그것은 의미가 없는 성공에 불과하다.

왜냐하면 가장 자신다운 삶을 살지 못 했기 때문이다. 타인의 삶을 쫓았고, 타인의 삶을 살았다고 말 할 수 있기 때문이다. 자신의 강점을 발견하지 못 한 채, 죽도록 노력하여, 모든 것을 희생하면서 까지 성공했다고 해도, 그것은 성공적인 삶이라고 할 수 없다. 왜냐하면 자신의 강점을 발견하여, 그것에 집중함으로써 성공할 때의 행복과 성공의 양과 질과 도저히 비교 불가하기 때문이다.

step 3. 한 걸음 물러나 자신을 관찰하라.

우리는 한 걸음 물러나 자신을 관찰하는 지혜를 동화책 [미운 오리 새끼]를 통해 배워야 한다. 이 이야기는 미운 오리 새끼에 대한 이야기가 아니라, 바로 강점을 발견하지 못 한 채, 타인의 삶을 힘겹게 살아내고 있는 우리에 대한 이야기라는 점이다. 누구나 다 알고 미운 오리 새끼의 이야기를 간단히 소개해 보자.

옛날 조금만 농장 옆 연못가에 많은 거위와 오리들이 살았다.

어느 날 한 오리가 품고 있던 알들이 깨어나기 시작했고, 한 마리, 한 마리 귀여운 오리 새끼들이 알껍데기를 깨고 예쁜 모습을 드러내며 나오기 시작했다. 그런데 그 때 이상한 일이 발생했다.

마지막 알이 유난히도 컸기 때문이다. 그것보다 더 놀라운 것은 검은 색깔의 새끼가 태어났다는 것이다. 다음 날 엄마 오리는 새끼들을 데리고 농장 구경을 했다. 모두 한 줄로 나란히 줄을 맞추어 갔다. 그런데 검은 새끼 한 마리는 너무나 눈에 잘 띄어, 다른 새끼 오리들에게 미움을 받기 시작 했다.

이런 사태는 날이 갈수록 더 심해졌다. 날이 갈수록 검은 새끼는 덩치도 더 커져갔고, 겉모습은 더욱 더 미워져 갔다. 덩달아 다른 오리들의 놀림과 따돌림은 더욱 심해져 갔다. 결국 미운 오리 새끼는 그 곳을 도망쳐 나오기로 결심하고, 실행에 옮겼다.

미운 오리 새끼는 무성한 풀을 헤치며, 멀리멀리 떠나 어느 새로운 연못에 도착하게 되었다. 그곳에도 다른 오리들이 살고 있었지만, 다행히 그곳에서는 다른 오리들이 말을 걸어오진 않았다.

어느 날 해질 무렵, 한 떼의 아름다운 새가 무리 지어 자기 머리 위를 날아가고 있었다. 그 날개는 너무 희어서 눈이 부셨고, 목은 너무 길어 우아하기까지 했다. 그 새들을 보자 자기도 모르게 눈물이 고였다.

얼마 후 그 연못에 있던 다른 오리들은 모두 떠나가 버렸다. 겨울이 오고 있었던 것이다. 날씨가 갈수록 추워지는데도 미운 오리 새끼는 연못을 떠나지 못하고 그 곳에 머물렀다.

어느 날 아침 날씨가 몹시 추워 깨어보니 한쪽 다리가

물에 잠겨 얼어붙어 있었다. 다행히도 한 농부가 그 오리를 발견하여 얼음을 깨고 구해 주었다. 농부는 그 오리를 집으로 데려 갔다. 하지만 장난꾸러기 아이들이 놀래주는 바람에 우유를 엎지르고 버터 접시를 밟고 말았다.

미운 오리 새끼는 화간 난 농부의 아내에게 쫓겨나고 말았다. 밖은 춥고 어두워서 멀리 갈 수가 없었다. 다행히 가까이 있던 빈 헛간으로 몸을 피해 그런 대로 둥지를 하나 마련했다.

그 헛간 안에서 길고 험한 겨울을 났다. 마침내 봄기운이 돌자 그 오리는 목을 한 번 앞으로 쭉 빼고 날개를 펼친 다음 멀리 나는 것을 시도했다. 날개에 힘이 실리면서 연못 위에 가볍게 내려앉을 수 있었다.

연못에서 첫 봄의 상쾌한 헤엄을 즐기고 있을 때, 세 마리의 하얀 백조가 연못가 풀숲에서 나타났다. 그 백조를 보자 미운 오리 새끼는 오래 전 하얀 아름다운 새를 보았을 때의 그 흥분된 감정이 다시 일어났다.

그들이 자신을 상대해주지 않을 것을 두려워하면서도 가까이 가고 싶은 마음을 억제하지 못 했다. 그들에게 가까워지자 정말 이상한 일이 발생했다. 그 물 속에는 앞의 백조보다 더 아름다운 모습을 한 네 번째 백조가 자기를 바라보고 있는 것이었다. 아! 바로 그것은 자기 자신의 참 된 모습이었다.

이 이야기의 주인공은 미운 오리 새끼가 아니라, 바로 당신이다. 우리 모두는 우리의 참 된 모습이 무엇인지, 정말로 자신 있게 말할 수는 없다. 이것이 우리의 참 모습이라고 말하는 그 순간, 더 큰 자신의 모습, 더 멋진 자신의 모습이 기다리고 있을 수도 있고, 우리의 내면 깊숙한 곳에서 숨어 있을 수도 있기 때문이다.

step 4. 생각과 의식을 바꾸어 자신을 관찰하라.

연구 결과에 따르면 인간은 하루에 6만여 가지의 생각을 한다고 한다. 그 중에서 95% 이상이 어제나 그제 했던 생각을 똑같이 반복한다고 한다. 이 연구 결과가 우리에게 시사해 주는 바는 어제와 똑같은 오늘을 우리가 살아가는 이유가 바로 우리의 생각과 의식이 좀처럼 바뀌지 않기 때문이라는 사실이다.

그렇다면 우리가 삶을 바꾸고 청춘의 혁명을 하기 위해서는 우리의 생각과 의식을 먼저 바꾸어야 할 필요가 있다. 우리의 의식과 생각을 바꾸지 않으면, 우리를 아무리 관찰해도 똑같은 우리의 모습만을 계속 볼 수밖에 없다. 그렇게 되면 우리를 제대로 관찰할 수 없다.

더욱 더 중요한 사실 중에 하나는 우리 인간들은 자신의 생각과 의식을 바꿈으로써, 얼마든지 자신의 참 된 모습을 변화 시킬 수 있다는 사실이다. 우리가 큰 꿈을 꾼다면, 그 만큼 큰 인생을 살 수 있다. 그리고 우리가 작은 자신을 상상하고, 의식한다면, 그 만큼의 자신이 된다. 그러므로 우리는 탁월한 자신을 상상하고 의식해야만 한다.

그렇게 할 때 우리는 탁월함으로 충만한 자신을 실제로 만날 수 있기 때문이다. 그런데 한 가지 문제는 탁월하고, 위대한 자신을 상상하고 의식하는 것이 결코 말처럼 쉬운 일이 아니라는 사실이다.

한 가지 희망적인 소식은 우리가 우리의 강점을 발견하고, 그것에 집중하면 할수록, 우리는 우리의 탁월함과 독특함을 더 잘, 그리고 더 명확하게 상상하고 의식할 수 있다는 것이다. 우리가 강점을 발견하고, 그것에 집중하면 할수록 우리의 정상의 위치는 높아질 수 있다는 사실도 명심하자.

문제는 강점을 발견하지 못 한 채, 거둔 성공은 너무나 큰 희생과 대가를 치러야 한다는 것이다. 그리고 그것뿐만 아니라, 우리가 우여곡절 끝에 정상의 자리에 섰다고 해도, 그것은 우리 자신의 참 모습이 아닐 수도 있다.

왜냐하면 우리의 참 모습은 그러한 정상의 모습을 훨씬 더 뛰어넘는, 그 이상의 존재일 수도 있기 때문이다.

그렇기 때문에, 우리는 평생 자신의 참 된 모습을 발견해 나가기 위해 부단 없이 도전해 나가야 하는 것이다. 그러한 도전의 과정을 통해 자신의 참 모습이 드러나기 때문이다.

또한 그렇게 도전할 수 있는 자신이 되기 위해서, 즉 자신의 참 모습을 발견하기 위해서 가장 먼저 해야 할 일은 자신을 옭아매고 있는 부정적인 사고로부터 도망을 쳐야 한다는 것이다. 공포심과 좌절과 불신에 사로 잡혀 있는 미운 오리 새끼는 절대 도망칠 결심을 하지 못 하기 때문이다.

명심하자. 우리 모두가 미운 오리 새끼라는 사실을 말이다. 그렇기 때문에 우리에게 필요한 것은 자신이 누구인지를 끊임없이 비판하고, 관찰하는 일이다. 그렇게 하기 위해서는 현재 위치를 제대로 볼 수 있기 위해 한 걸음 물러나야 한다. 한 걸음 물러난다는 것은 자신이 가지고 있는 자신의 편협한 생각이나 부정적인 사고의 틀을 벗어버리는 것이다. 그것은 자신이 동굴에 있다면, 동굴에서 나와서, 넓고 새로운 세계를 만나는 것이 될 수 있고, 자신이 선글라스를 끼고 있다면, 그것을 벗고, 세상을 바라보는 것이 될 수 있다.

step 5. 끊임없이 자신을 성찰하라.

이러한 사실에 대해 [위기의 CEO, 철학에서 길을 찾다]의 저자인 김진욱 기자는 자기의 책을 통해 잘 설명해준다. 그는 올바른 자기경영을 위해서는 가장 필요한 것이 끊임없이 자신을 성찰하고 비판하며 다듬어나가야 하는 것이라고 말하면서, 자신을 성찰하기 위해 필요한 것은 자신이 알게 모르게 끼고 있었던 선글라스를 벗는 것이라고 주장한다.

“ 얼마 전 한국능률협회 주관의 CEO 조찬회가 열린 서울 소공동의 조선호텔 행사장엔 많은 기업가들로 문전성시를 이뤘다. 특히 ‘철학과 경영’ 라는 주제로 강연을 펼친 연세대 철학과 김형철 교수의 말 한마디 한마디에 수백 명의 경영자들은 귀를 쫑긋 세우고 메모하기에 여념이 없어 보였다. 김 교수의 강의 중 참석자들이 유독 크게 관심을 보인 내용이 하나 있었는데 그것은 다름 아닌 'CEO의 자기경영'과 관련한 부분이었다. 김 교수는 자기경영의 사례로 우물 안에 선글라스를 쓰고 있는 개구리를 들어 설명했다.

우물 안에 명품 선글라스를 낀 개구리가 살았다. 하루는 이 개구리가 할아버지로 보이 는 거북이 한 마리를 만났는데, 이에 개구리가 물었다.

" 할아버지, 우리 집이 얼마나 잘사는지 모르시죠?"

" 나야 모르지."

" 우리 집에는 미끄럼틀도 있고, 엘리베이터도 있어요."

개구리는 거북이가 사는 집이 궁금한 나머지 또 물었다.

" 할아버지는 어디 사세요?"

" 나? 블루오션에 사는데."

" 블루오션요? 거기는 어떤 곳인데요?"

" 블루오션에는 고래가 살고 있지."

" 고래는 또 뭐예요?"

여기서 퀴즈가 나간다. 어떻게 하면 개구리에게 블루오션과 고래의 개념을 잘 설명할 수 있을까 하는 질문이다. 김 교수의 설명은 의외로 간단했다. 개구리가 선글라스를 벗도록 도와주면 된다는 것이다. 선글라스를 쓰고 있는 이상 블루오션을 볼 수 없기 때문이란다. 이 강연에서 김 교수는 올바른 자기경영을 위해서는 끊임없이 자신을 성찰하고 비판하며 다듬어나가야 된다는 메시지를 조찬회에 참석한 많은 CEO들에게 던지며 강의를 마쳤다. "

< [위기의 CEO, 철학에서 길을 찾다] 중에서 217 ~ 218쪽 >

자기경영의 가장 기본은 바로 자기의 성찰이다. 그리고 자신을 성찰하기 위해서 자신이 끼고 있는 사고의 틀과 같은 선글라스를 벗어야 한다. 그래야만 세상을 바

로 볼 수 있고, 자신을 바로 볼 수 있다. 세상을 제대로 보기 위해서는 세상을 보는 도구였던 선글라스가 방해가 되듯, 자신을 제대로 관찰하기 위해서는 자신을 형성하였던 자신의 사고가 방해가 될 수 있다. 그렇기 때문에, 우리는 우리의 생각을 멈추고, 전진에서 벗어나, 한 걸음 물러나는 것이 필요하다.

step 6. 새로운 시각으로 자신을 관찰하라.

" 발견을 위한 진정한 항해는 새로운 땅을 찾는 것이 아니라, 새로운 눈을 갖는 것이다." 라고 프랑스의 소설가인 마르셀 프루스트가 말한 것처럼, 새로운 발견은 새로운 땅을 찾는 것이 아니다. 오히려 새로운 눈을 갖는 것이다. 그래서 우리에게 필요한 것은 우리 자신에게 주목할 수 있는 새로운 시각을 가지는 것이다.

" 어떻게 하면 훌륭한 사람이 될 수 있을 까? 무엇

을 해서 이 사회에 기여할 수 있을 까? 내 안에 그 답이 있다. 그것이 무엇일까?" 라고 말한 빈센트 반 고흐는 자신의 내면에 있는 강점을 발견하고, 그것에 집중한 사람 중에 한 명이라고 말할 수 있다.

그는 훌륭한 사람이 되고, 이 사회에 기여할 수 있는 방법이 바로 자신의 내면에 있는 그것을 발견하는 것으로부터 시작된다는 사실을 잘 이해하고 있었던 사람이다. 이 사회에 기여할 수 있는 사람이 되는 것뿐만 아니라, 직장에서도 두각을 나타내기 위해서는 자신의 타고난 능력을 펼쳐야 한다고 [당신의 천재성을 깨워라]의 저자인 딕 리처즈는 설파 하고 있다.

자신도 몰랐던 자신의 천재성을 인식하는 것이 인생의 전환점이 될 수 있다고 그는 말한다. 그것뿐만이 아니라, 천재성을 인식하게 되면, 정체성이 강해지고, 방향 감각이 또렷해지고, 자신감이 커지고, 자신이 추구하는 가치를 전달할 표현수단이 생기게 되고, 일에서 만족감과 높은 생산성을 경험하게 되고, 자신의 삶과 일상생활이 어우러지면서 일체감이 생겨, 내적 평화가 생겨나, 마음이 차분해 지고, 집에 있는 것처럼 편안해 진다고 한다.

이처럼 자신의 내면 속에 숨겨진 천재성 즉 강점을 발견하게 되면, 유익한 점이 이렇게 많다는 사실을 추가로 이 책은 말해 주면서, 동시에 그러한 천재성을 발견하기 위한 방법에 대해서도 말해준다. 그 방법은 바로 자신의 천재성을 발견하기 위해서, 무엇보다 자기 자신에게 주목을 하는 것이다. 그리고 자신에게 주목함으로써 천재성을 발견하기 위해서는 무엇보다 자신의 직관을 믿어야 한다고 주장한다.

자신의 직관을 믿는 방법으로 딕 리처즈는 자신의 책에서는 다양한 사례와 구체적인 방법까지는 제시하지 않고 있다. 하지만 다행스럽게도 이 책에서는 매우 다양한 방법들과 사례들을 제시하고 있다. 가령 무의식이 흘러가게 내버려 두는 법, 저글링 하듯 갖고 놀 수 있는 것을 찾는 법, 살아있음을 느끼게 하는 것을 발견하는 법, 가슴 뛰게 하는 일을 찾는 법, 재미와 즐거움을 일깨워주는 일을 찾는 법 등등이라고 말 할 수 있다.

자신의 강점을 발견하기 위한 6 단계를 정리해 보자.

step 1. 자신을 세밀하게 관찰하라. 원숭이처럼!

step 2. 자신을 조용히 관찰하라.

step 3. 한 걸음 물러나 자신을 관찰하라.

step 4. 생각과 의식을 바꾸어 자신을 관찰하라.

step 5. 끊임없이 자신을 성찰하라.

step 6. 새로운 시각으로 자신을 관찰하라.

2. 재미있어서 미칠 것 같은 것에 독특함이 숨어 있다.

재밌어 미치겠네!

저녁 9시 뉴스에 또 방송이 나왔다. 게임에 중독된 청소년이 PC방에서 이틀 동안 게임에 몰두하다가 죽었다는 기사이다. 이런 기사는 솔직히 가끔씩 잊을 만하면 우리에게 들려온다. 과연 그 이유는 무엇일까? 게임이 재밌어 게임에 미치기 때문이다.

이처럼 너무나도 재미있어서 미칠 수 있는 일이 있는가? 청춘의 특권이자 의무는 바로 무엇인가에 미쳐야 한다는 것이다. 당신은 미칠 수 있는가? 그렇다면 당신은 청춘이다.

필자의 경우는 회사 생활을 십 년 이상 해 봤지만, 완전하게 미칠 정도로 몰두해 본 적은 길지 않다. 하지만 누구보다 열심히 회사 생활을 한 것은 사실이다. 하지만 열심히 의도적으로 노력하는 것과 너무나 재미있고, 너무나 자신의 적성과 맞아서 미칠 정도로 몰두하며 그것에 미치는 것은 하늘과 땅만큼 질적으로 차이가 난다. 이 사실을 필자는 너무나 잘 알고 있다.

회사가 아닌 도서관에 매일 출근하다시피 하여 책을 읽고 글을 쓰는 것은 과거 직장 생활 할 때에는 꿈도 꾸지 못 할 만큼 자유롭고 즐겁고 신나는 일이다. 도서관에만 앉아 있으면 모든 것이 제대로 돌아가는 기분을 느낄 수 있고, 자신이 발전되고 있다는 느낌마저 든다.

무엇보다 책읽기와 글쓰기는 나를 미치게 만든다. 나의 내면 깊숙한 곳의 알라딘 램프를 끄집어내어, 그것을 문지르며 주문을 외우는 듯하다. 마치 한 번도 만난 적이 없는 자신의 내면에 잠자고 있던 거인을 만날 수 있게 해준다.

그런데 그 거인은 바로 우리가 무엇인가에 미쳐야만 만날 수 있는 이상한 거인이다. 우리가 재밌어 미친다는 것은 바로 자신의 알라딘 램프를 문지르고 주문을 외우는 것, 바로 그것이었다. 우리로 하여금 재미있어서 미치게 하는 그것은 우리의 알라딘 램프이기도 하고 우리의 강점이기도 하다는 사실을 필자는 확신할 수 있었다. 경험에서 우러나온 결론이었다.

도서관에서 혹은 집에서 글을 쓸 때는 마치 게임에 빠진 청소년들과 다를 바 없는 내 자신을 발견한다. 너무나 그것에 미쳐서 화장실 갔다 오는 시간도 급하게 다녀와야 하고, 식사 시간이 귀찮게 느껴지고, 아깝게 느껴지기도 한다. 나는 비로소 알았다.

내 자신의 모든 에너지를 불태울 수 있는 것은 누군가의 강요나 돈과 지위와 같은 어떤 보상이 아니라는 것을! 오직 자신의 가슴을 들끓게 만들고 온 몸에 전율을 느끼게 할 만큼 자신이 재미있어서 미칠 수 있는 것이어야 한다는 아주 근본적인 사실들을 알았다.

아는 것과 실천의 문제는 별개이다. 아무리 이러한 사실을 듣고 읽고 알고 있다고 해도, 단 한 번의 경험을 해 보지 못 한 청춘은 그 위력을 실감할 수 없다. 이제 한번 자신이 진정으로 미칠 수 있는 것을 찾아 미쳐 보라. 그것에서 청춘 혁명이 비롯된다.

자기경영의 대가들이 가지고 있는 공통점 중에 하나는 자신이 발견한 강점을 통해 일을 할 때, 그들은 모두 재미와 즐거움을 누렸다는 점이다. 뿐만 아니라, 자신이 하는 일에서 크나큰 재미와 즐거움, 행복을 느낀 사람들은 모두 대가로 성장했다.

" 일은 나의 열정이다. 나는 주말이면 절망에 빠진다. 무엇인가에 집중할 만한 것이 없기 때문이다. 결국 삶에 활력을 유지하기 위해선 계속 일을 해야 한다. 건강만 허락한다면 앞으로 25년은 더 일하고 싶다."

이탈리아의 디자이너인 조르지오 아르마니Giorgio Armani의 말이다.

" 이렇게 재미있는 일을 하면서도 돈을 받는 다는 사실이 믿어지나요?"

이 말은 국내에서도 매우 유명한 영화 감독 스티븐 스필버그Steven Spielberg의 말이다.

“ 당신들은 내가 얼마나 즐기며 살아왔는지 모를 거야. 난 언제나 즐겁게 살았고, 내 일은 곧 즐거움이었지, 왜냐하면 재미야말로 처음부터 내가 하는 비즈니스의 핵심이었으니까.”

이 말은 영국에서 가장 존경 받는 기업가로 선정된 버진그룹의 회장 리처드 브랜슨의 말이다. 여기에 소개된 이들은 모두 자기 분야에서 세계 최고의 대가로 평가받고 있는 인물들이다. 그렇다면 이상하지 않은가?

정말 세계 최고가 되기 위해, 우리나라에서는, 그리고 우리나라의 학교에서는 열심히, 그리고 땀 흘려, 근면하게 일을 하라고 주문하고 있다. 놀지 말고, 열심히 공부하고, 놀지 말고 열심히 일해야 성공 할 수 있다고 말하고 있다.

그런데 세계 최고의 대가들인 이탈리아의 조르지오

아르마니도, 세계 최고의 영화감독인 스티븐 스필버그도, 영국에서 가장 성공한 기업가인 리처드 브랜슨 회장도 재미와 즐거움이 가득 찬 일을 하고, 심지어는 이렇게 재미있는 일을 하면서, 돈 까지 번다는 것이 미안하다고까지 한다는 것이다. 이 얼마나 아이러니 하는 것인가?

하지만 성공과 실패를 가르는 차이는 바로 이것이다. 재미와 즐거움을 느끼는 분야를 선택하라는 것이다. 왜냐하면 그 분야에 반드시 자신의 강점이 있을 수 있는 확률이 매우 높기 때문이다. 실제적으로 수 많은 대가들이 자신의 일이 매우 재미있고, 즐거운 것이라고 말하기도 한다. 그 대표적인 인물로 우리는 마크 트웨인을 들 수 있다.

그는 말한다.

" 나는 평생 일한 적이 없다."

라고 말이다. 그가 얼마나 자신의 일을 재미있어 했고, 즐거워했는지를 알 수 있는 말이다. 이처럼 우리들도 자신이 하는 일에서 재미와 즐거움을 거의 찾지 못 하는 사람이 있다면, 심각하게 자신의 터닝 포인트에 대해서 생각해 보라고 조언해 주고 싶다.

그렇게 재미없고, 아무런 즐거움도 없는 일은 무엇보다 자신의 강점이 있을 수가 없다. 그 결과 아무리 노력해도 대성하기 힘들고, 그 자체로서도 재미도 없다. 그렇다면 매일 하는 자신의 일을 통해 행복할 수 없을 뿐만 아니라, 그 일을 통해 큰 성공도 거둘 수 없다. 이것은 인생으로 평가하자면, 너무 큰 낭비이다.

자신에게 가장 큰 재미와 즐거움을 주는 일을 찾기 위해, 모험을 해 보라. 최소한 도전을 해 보라. 지금 하고 있는 일에서 어떤 비전도 보이지 않는 다면, 그리고 어떤 재미와 즐거움도 느끼지 못 한다면, 과감하게 그 일을 그만 두어야 한다.

비록 생활고로 고생하고, 비참한 삶을 살 수 있게 된다 해도, 그러한 고생과 비참함은 나중에 자신의 강점을 발견하고, 자신의 길을 걸어 갈 때 누릴 수 있는 행복과 그 결과 얻게 되는 성공의 크기에 비하면, 아무것도 아니기 때문이다. 자신의 일에서 재미와 큰 즐거움을 발견하고, 그것을 누릴 수 있는 사람은 누구보다 자신의 이을 즐기는 사람이다. 그 결과 자신의 일을 즐기는 사람에게는 엄청난 에너지와 파워가 발산된다. 그 결과 이 세상도 그 사람에게 길을 내어 주고, 정상의 자리까지 내어 주게 되는 것이다.

" 아무리 천재라도 노력하는 사람한테는 당할 수 없다. 그리고 아무리 노력하는 사람이라도 좋아하는 사람한테는 당할 수 없다. 그리고 아무리 좋아하는 사람이라도 그것을 즐기는 사람에게는 절대 당할 수 없다."

그렇다. 이 말처럼 아무리 재능이 뛰어난 천재라 할지라도, 즐기는 사람을 절대 이길 수는 없을 것이다. 그것은 즐김을 통해, 엄청난 재능과 에너지와 파워가 솟아나기 때문이다. 재미와 즐거움을 있는 일을 발견하고, 그것을 찾는 것은 자기 강점을 발견하는 매우 중요한 방법 중에 하나이다.

그러므로 오늘부터, 아니 지금 당장 자신이 가장 재미를 느끼는 분야가 어디인지, 생각해 보라. 자신에게 가장 큰 즐거움을 주는 것이 무엇인지 생각해 보라. 그 곳에 자신이 강점이 숨어 있다는 사실을 잊지 말라.

3. 자신이 좋아하는 일, 가슴 뛰게 하는 일을 선택하라.

우리는 보통 직업을 선택할 시점이 되면, 두 가지 부류로 나뉜다. 많은 사람들은 돈을 많이 벌 수 있는 인기 직종을 선호하게 된다. 그래서 인기 학과가 생겨났고, 인기 직종이 생겨 난 것이다. 특히 우리 한국 사회에는 그런 선호도가 매우 높다.

그래서 돈을 잘 버는 인기 학과와 인기 직종에는 머리 좋고, 능력 있는 인재들이 몰리게 된다. 하지만 학교

성적이 좀 좋지 못 해서, 그런 인기 학과에 지원할 수 있는 자격조차 얻지 못 해서 결국 비인기 학과에 지원한 사람 중에, 나중에 보니까 그 분야가 인기 학과로 변해서, 큰 성공을 거두게 되는 사람들도 적지 않다. 하지만 돈을 잘 번다고 소문난 인기 학과, 인기 직종이 정말 돈을 많이 벌게 해 주는 것일까? 이런 의문을 속 시원하게 풀어줄 연구 결과가 있다.

로버트 크리겔과 루이즈 파틀러는 20년 동안 1,500여 명의 사람들을 대상으로 자신이 잘 할 수 있는 일을 선택 한 사람들과 돈을 잘 벌 수 있는 일을 선택한 사람들에 대해서, 그들의 성공 여부와 그들의 직업 선택에 따른 결과의 차이에 대해 조사를 했다.

먼저 1500명의 사람들을 두 집단 A와 B로 나누어, 돈을 잘 벌 수 있는 일을 선택한 사람들을 A 그룹이라고 지정을 했다. 이 그룹에는 83 %라는 대 부분의 사람들이 포함 되었다. 그리고 돈을 잘 벌 수 있는 직업보다, 자신이 잘 할 수 있는 일을 선택한 사람들을 B 그룹이라고 지정했다. 이 그룹에 포함 된 사람들은 연구 집단의 17%

라는 소수에 불과 했다. 그리고 나서 20년 후에, 연구 집단의 사람들 중에 몇 명이나 백만장자가 되었는지 조사했다.

그 결과는 매우 충격적이었다. 1500명 중에 백만장자는 10% 미안인 101명이었다. 그리고 A 그룹에 속한 사람들 중에 백만장자가 된 사람은 단 한 명뿐이었고, 아이러니하게도, 돈을 잘 벌 수 있는 직업이 아니라, 자신이 좋아하는 일을 선택한 그룹인 B 그룹에서 100명의 백만장자가 탄생 했다.

이 충격적인 결과를 통해, 한 가지 분명한 사실은 자신만이 잘 할 수 있는 일을 하는 것은 이처럼 매우 중요한 성공의 변수라는 점이다. 그래서 자신만이 잘 할 수 있는 일을 발견하는 것은 매우 중요한 의미를 가지고 있는 것이다.

"자기가 좋아하고 믿는 일을 하면 성공은 자연히 찾아온다. 자기가 지금 하고 있는 일, 이미 한 일을 진정으로 즐기는 사람은 행복하다."

라고 괴테는 말한바 있다. 그의 말처럼 우리가 평생 하는 일이 우리에게 재미와 즐거움을 일깨워 주는 그러한 우리가 정말 좋아하는 일이고, 그 일을 즐기는 사람에게는 성공이 자연스럽게 찾아오는 이유는 분명하다. 그러한 재미와 즐거움을 일깨워 주는 일은 무엇보다 자신의 강점을 자연스럽게 발견할 수 있도록 도와주는 가장 좋은 도구이기 때문이다.

그런 의미에서 자신이 하고 싶은 일을 하고, 자신이 좋아하는 일을 하고, 자신이 즐기는 일을 하는 사람은 진정 괴테의 말대로 행복한 사람인 것이다.

자기 강점을 발견하기 위해서는 무엇보다 자신의 내면에서 끊임없이 울리는 소리에 귀를 기울여야 한다. 그러한 내면의 소리는 자기도 모르게 꿈이라는 단어로 포장이 되어, 자신에게 다가오기도 할 것이다. 그래서 꿈을 가지고 있는 사람은 하나 같이 그 꿈을 생각하면, 자신도 모르게 가슴 뛰는 자신을 발견할 수 있다.

[혼.창.통]의 저자인 이 지훈작가는 " 왜 그 일을 하

고 있나요?" 라는 질문을 받을 때, 고민 없이 "그 일을 좋아하기 때문" 이라고 말할 수 있는 사람은 행복한 사람이며, 그러한 사람은 그 분야에서 최고의 장인이 될 가능성이 높다고 말한다. 그 이유는 일에 대한 동기를 높이는 가장 큰 원동력은 그 일을 좋아한다는 것이기 때문이라고 한다.

4. 조용한 절망의 삶을 거부하라.

우리 주위를 둘러보면, 너무나 많은 이들이 자신의 눈부신 미래를 포기한 채 하루하루 조용히 절망의 삶을 살아가고 있는 듯 보인다. 필자의 죽마고우 중에 한 명도 그런 사람들 중에 한 명이다. 그 친구는 대학교를 나오지 않았다. 그래서 열등의식이 누구보다 강했다. 언제나 친구들을 만나면 약간 의기소침해 있고, 자신의 주장을 제대로 강하게 말하는 것을 본 적이 없다.

이런 삶의 모습을 중년이 지나고 보니, 대학교를 졸업하고, 좋은 직장을 다니고 있는 바로 내 자신과 그런 다른 친구들 사이에도 퍼져 있었다. 그렇게 입사하기를 원했던 직장이고, 그렇게 입학하기를 원했던 대학인데 우리는 언제부터인가 조용히 절망하면서, 절망과 친해지는 삶을 선택하게 된 것이다.

주어진 학교가, 주어진 회사가, 주어진 환경이, 주어진 형편이 우리로 하여금 조용한 절망의 삶을 살아가게 부추긴다. 하지만 바로 그 때! 우리에게는 혁명이 필요하다. 혁명은 어제와 다른 삶을 사는 것이다. 어제와 다른 꿈을 꾸는 것이고, 어제와 다른 희망을 품는 것이다. 어제와 다른 가슴 뛰는 삶을 사는 것이 혁명이다.

청춘 혁명을 실천하기 위해서는 어제와 다른 삶을 추구해야 하며, 무엇보다 조용한 절망의 삶을 온 몸으로 거부해야 한다. 거부한다는 것은 희망으로 가슴 뛰게 하는 그 무엇인가를 붙잡는 것이다. 당신에게는 무엇이 가슴 뛰게 하는 것인가? 그것이 있다면 그것에 인생을 걸고, 청춘을 걸어야 한다.

이 세상에는 공짜는 없다. 무엇인가를 주어야, 그 만큼 받게 된다. 그렇기 때문에 가슴 뛰게 하는 일을 발견했다면, 자신의 청춘을 모두 걸어야 한다. 자신으로 하여금 가슴 뛰게 하는 일에 자신의 청춘을 거는 것은 충분히 가치가 있는 일이며, 매우 아름답고 멋진 일이다.

자신을 가슴 뛰게 하는 일을 갈망할 때, 우리는 자신에게 숨겨진 강점을 발견할 수 있게 된다. 앤드루 저커먼의 [위즈덤(원제:Wisdom)]에 소개된 음악가인 데이비드 앰램David Amram 역시 자신을 가슴 뛰게 하는 일을 통해, 음악의 거장이 될 수 있었음을 그의 인생은 잘 말해 주고 있다.

그는 일흔일곱의 나이에도 밖에 무슨 일이 있어 집을 나설 때마다, 아직도 가슴이 떨리도록 벅차오르는 감동을 느낀다는 것이다.

그렇게 나이가 먹어도, 오래 살아도, 아직도 그는 자신에게 뭔가를 할 수 있는 이런 기회가 있다는 게 믿기지 않는 다는 것이다. 무엇보다 그는 자신에게 꿈이 있었다는 것, 그리고 아무리 자신의 상황이 어려워 보여도 모든 것이 불가능해 보여도 계속해서 노력하도록 용기를 북돋워주는 사람들이 자신의 평생 자신의 주변에 있었다는 것에 정말로 감사하고 그것을 정말 큰 행운이었다고 생각한다.

이 사람들은 내가 하고 싶은 것을 절대 포기하지 말라고, 될 수 있는 한 최고가 되라고, 그리고 하루도 빠짐없이 창조적으로 살라고 격려해 준 사람들이라는 것이다. 우리 모두는 이렇게 살 수 있는 기질을 가지고 태어나지만, 생계를 꾸려나가는 과정에서 흔히들 이것을 잃어버리게 된다는 것이다.

한 마디로 데이비드 앰램은 매우 운이 좋았던 사람이다. 자신이 하고 싶은 것을 절대 포기하지 않고, 할 수 있도록 주위 사람들이 그에게 매일 격려를 해 주었기 때문이다. 그리고 무엇보다도 그는 일흔일곱의 나이에도 꿈을 간직하고 있었다는 점이다. 그리고 더욱 더 놀라운 사실은 상황이 아무리 어려워 보이고, 모든 것이 불가능해 보여도, 하고 싶은 것을 절대 포기하지 않고, 평생 하면서 살았다는 것이다. 그 결과 그는 음악의 거장이 될 수 있었던 것이다.

그는 무엇보다 어린 시절에, 시골 농가에 앉아서, 지나가는 기차의 기적 소리를 들으며, 자신의 내면에서 우러나오는 소리에 귀를 기울였고, 그로 인해 자신의 꿈이 무엇인지 알게 되었던 것이다. 그로 인해 자신을 가슴 뛰게 하는 일을 갈망하며, 자신의 인생의 방향을 정할 수 있었다.

“ 나도 언젠가 기차를 타고 뉴욕이라는 그 마법의 도시에 가리라. 뉴욕에서 음악에 관련된 무엇인가를 하리라. “

이렇게 자신을 가슴 뛰게 하는 일을 갈망함으로써 그는 자신의 강점을 발견할 수 있었고, 종국에는 음악가로 대성할 수 있었던 것이다. 자신을 가슴 뛰게 할 만큼 자신이 하고 싶은 일을 한다는 것은 자기경영의 핵심 원칙이라고 할 수 있다.

자기 자신이 남들보다 잘 할 수 있는 바로 그 일을 발견하는 것이 자기 강점을 발견하는 법인 것이다. 하지만 환경과 형편과 처지 때문에, 하고 싶은 일이 있어도, 그것을 할 없다고 하소연하는 사람들이 많다. 이런 독자들을 위해, 참고가 될 만한 문장을 소개 한다.

"'하고 싶은 일을 하다 보면, 가족을 먹여 살릴 수 없다.'는 잘못된 깨달음으로 우리를 몰아간 것은, 우리를 기존의 체제에 묶어두고 통제하고 싶은 보이지 않는 사람들이었다. 그들은 세상이란 '하고 싶지만 할 수 없는 일'과 '하기 싫지만 해야 하는 일'로 이루어진 것이라고 말한다. 그들은 때때로 우리 부모의 모습으로, 선생의 얼굴로, 직장상상의 이름으로, 그리고 친구의 한숨 섞인 충고로 우리를 설득시켜 왔다. 그들의 말을 따르는 것은 어쩌면 지금까지는 그런대로 무난한 처신이었는지도 모른다. 그러나 지금 우리는 가족을 위해 '하기 싫지만 해야 하는 일'을 하더라도 직장에서 내몰리고 있다. IMF 시기이기 때문이 아니다. 본질적으로 인간의 노동이 더 이상 중요한 생산 요소가 아닌 사회로 이행하고 있기 때문이다. 아이러니하게도 기업이 마지막까지 잡아

두려고 하는 사람들은 ‘하고 싶어 하는 사람들’ 이다. 욕망이 그들을 한 길로 달려오게 했고, 결국 스스로를 전문가로 만들어주었기 때문이다. 전문성을 필요로 하는 기업으로부터의 수요는 어려운 시절에도 보다 좋은 직장을 선택할 수 있는 기회를 준다. 그들은 기업의 직원으로 머무는 대신, 자신의 전문성을 요구하는 잠재적 고객을 찾아내 스스로의 사업을 시작하기도 한다. 직장보다는 고객을 먼저 생각하는 눈을 가지고 있기 때문이다. 자본주의가 아직 희망을 가지고 있는 것은 바로 ‘하고 싶어 하는 사람들’ 에게 점점 더 많은 기회가 돌아간다는 점에 있다. ‘자유 경쟁’ 이라는 기본 규칙 안에서의 승리가, 이 경쟁에 참가한 다른 사람의 불행과 탈락에 의해서가 아니라, 솔직한 욕망에 따른 끊임없는 자기개혁이 가져다 준 힘에 의해 주도될 때, 자연도태와 적자생존이라는 기업 진화론에서부터 벗어날 수 있다. 하고 싶고, 잘하는 일에 시간과 힘을 집중할수록 더욱 더 다른 사람의 전문성이 요구된다. 바로 휴먼 네트Human Net가 중요해진다. 이때 공존할 수 있는 모델 Win-Win이 가능해진다.”

< 구본형,]익숙한 것과의 결

별] 중에서 367쪽 >

자신이 하고 싶어 하는 일을 하는 것이 자신에게도, 그리고 기업에게도, 그리고 무엇보다 우리가 살아가는 이 세상에도, 모두 유익한 것이라는 사실을 구본형씨의 말을 통해 알 수 있다. 반면에 하기 싫지만 생계를 위해, 가족을 위해 하는 사람은 결국 자신에게도 손해이며, 기업도 그것을 원하지 않는 다는 것을 알고 있는 가?

무엇보다 이런 사람들은 생산성과 효율성이 당연히 떨어지기 때문이다. 그래서 오히려 이런 사람들일수록 직장에서 쉽게 내몰리게 될 것이라고 그는 자신의 저서를 통해 말하고 있다. 그 이유는 이제 더 이상 인간의 노동이 중요한 생산 요소가 아닌 사회로 이행되고 있기 때문이라고 피력한다. 그의 이 말은 매우 의미심장한 말이다. 특히 이 시대를 살아가고 있는 우리들에게는 더욱 그렇다.

이제 더 이상 노동이 중요한 생산 요소가 아닌 시대이기 때문에, 우리는 더욱 더 우리의 가슴을 뛰게 할 만큼 우리들이 하고 싶은 일을 해야 한다. 그러한 과정을 통해 우리는 우리 자신의 숨겨진 강점을 발견할 수 있기 때문에, 더욱 더 그러한 일을 추구하는 것은 특히 자본주의 사회에 더욱 더 바람직하다고 그는 역설하고 있다. 뿐만 아니라, 하고 싶고, 잘 하는 일에 시간과 힘을 집중할 때, 다른 사람의 전문성이 필요하게 되므로, 공존하는 사회가 형성될 수 있다고 말한다.

그의 말처럼, 우리는 다른 누군가가 되려고 해서는 안 된다. 타인의 삶으로부터 뛰어 내렸던 그처럼, 우리는 우리가 되기 위해 혁명이 필요하며, 그 혁명의 시작은 자신이 하고 싶은 일을 하는 것으로부터 비롯된다. 그렇기 때문에, 우리는 우리가 하고 싶은 일을 해야 한다. 그것이 자신의 강점을 발견할 수 있는 자기 경영의 첫 출발점이며, 시작점이다.

크라이슬러 자동차의 창업자인 월터 크라이슬러(Walter Chrysler)는 자신이 하고 싶은 일, 즉 자신을 가슴 뛰게 하는 일을 발견하지 못 하여, 자신의 일을 통해 가슴 떨리는 흥분을 느끼지 못 하는 사람들을 매우 불쌍한 사람들이라고 단정한다. 필자 역시 정말 그의 말이 하나도 틀린 말이 아니라는 사실을 강조하고 싶은 마음은 크라이슬러 못 지 않다.

" 여러분의 일에 순수하게 흥분할 수 없는 사람에게 나는 참 안됐다고 말하고 싶다. 그런 사람은 결코 만족할 수 없을 것이며 또한 가치 있는 어떤 것을 성취할 수도 없을 것이다."

그의 말처럼, 자신의 일에 흥분할 수 없는 사람은 어쩌면 가장 큰 것을 손해 보는 사람 중에 한 명일지도 모른다는 생각이 든다. 우리는 집에서보다 직장에서, 자신의 일을 하면서 더 많은 시간을 보낸다. 그리고 집에서 머무르고 있을 때 보다, 일을 하고 있을 때, 자신의 정체성이 확실하게 드러나게 된다.

직장에서의 성공과 직업에서의 성공은 모두 자신이 얼마나 자신의 일을 통해 흥분할 수 있을 정도로 자신의 일이 자신을 가슴 뛰게 하는지에 달려 있다고 해도 과언이 아닐 것이다. 이러한 여러 가지 이유로, 자신의 가슴을 뛰게 하는 일을 발견한 사람은 이미 자기경영의 첫 걸음을 내 디딘 사람이다. 왜냐하면 자신을 가슴 뛰게 하는 일의 본질 속에 자기 자신의 강점이 숨어 있기 때문이다.

5. 너의 남다름이 뭐니? 넌 너고, 난 나다!

왜 남들이 잘하는 것, 그래서 더욱 더 그 사람을 멋지게 보이게 하는 것에 우리는 마음이 뺏길까? 그렇게 마음이 뺏기면 자신의 재능과는 상관없이 그 일이 하고 싶어지는 충동이 발생한다. 그 결과 우리는 그저 남들이 멋있어 보이는 그 일에 모든 것을 걸고 도전하기도 한다. 하지만 이것은 매우 어리석은 일이다.

그들은 그들이고, 우리는 우리이다. 그들이 해서 멋있다고 우리도 하면 똑같이 멋있는 것은 아니다. 가장 멋있는 것은 자신이 가장 잘하는 것을 할 때이다. 우리가 가장 멋있어 보이고, 가장 최고의 순간을 경험할 수 있는 것도 역시 우리가 가장 잘 할 수 있는 것을 할 때이다.

68억 인구가 모두 노래를 잘한다면 이 세상은 어떻게 될까? 가수라는 직업이 따로 필요하지도 않고, 누구를 가수라고 할 수도 없게 된다. 가수들이 돈을 벌고, 인기를 누릴 수 있는 것은 바로 남다름이 이 세상에 존재하는 법칙이기 때문이다. 꽃들이 아름다운 이유는 다 다르기 때문이다.

이 세상에 존재하는 모든 꽃이 코스모스라고 생각해 보라. 산에 가도 코스모스가 있고, 집 마당에도 코스모스가 있고, 길거리에도 코스모스만 있다고 생각하면 코스모스가 과연 아름다운 존재로 유지 될 수 있을 까?

이것처럼 우리가 가치가 있고, 우리의 삶이 의미가 있는 것은 남다르기 때문이며, 유일한 존재이기 때문이다. 그리고 그러한 가치와 의미를 더욱 더 부각시키고, 높이는 것이 바로 자신만의 길을 가는 것이다. 이런 점에서 남들을 따라하고 흉내 내는 삶에는 가치와 의미가 없다. 이미 다른 사람이 해 놓은 것을 반복하는 것에 불과하기 때문이다.

넌 너고, 나는 나일 때 가장 아름다운 세상이 만들어지게 된다. 그것을 거부해서는 안 된다. 자신에게 주어진 자신만의 강점과 재능, 개성을 사장시켜 버리는 것은 가장 큰 개인적인 낭비이며, 동시에 사회적인 낭비이다. 남을 웃길 수 있는 능력이 있다면 그 방면으로 나가야 한다. 그렇게 할 때 그 사람의 가치와 진가가 드러난다.

남을 웃길 수 있는 능력이 있으면서도 자신에게 없는 능력을 토대로 한 학자의 길을 가겠다고 하는 것은 이율배반적인 행동이다. 자신에 대해, 자신을 낳아 준 부모와 자신이 여러 가지 혜택을 받고 살아가야 할 사회에 대해서 말이다.

6. 남들과의 차이 속에 독특함이 숨어 있다.

자기 자신에게만 숨겨져 있는 자신만의 재능과 강점

을 잘 파악하고 발견하는 일은 매우 중요한 일이다. 이것이 잘못 되면, 아무리 열심히 살아도 최고가 될 수 없을 뿐만 아니라, 삶의 의미와 가치도 줄어들게 된다. 왜냐하면 그러한 삶은 자신의 삶이 아닌 타인의 삶을 산 것이 되기 때문이다. 그래서 자기경영의 첫 단계인 자신의 강점을 발견하는 일은 자기 경영에서도 가장 중요한 단계이다.

" 초가지붕 위에 박이 열렸다. 박은 어두운 세상을 환희 밝히는 달을 보면서 자기도 꼭 달처럼 되리라고 다짐했다. 그러나 시간이 흘러 달만큼 커진 박은 어느 날 달님에게 눈물을 글썽이면서 물었다.

" 달님, 저는 달님을 닮았는데 왜 빛나지 않나요?"

달이 인자한 표정으로 대답했다.

" 한 소녀가 있었단다. 그 소녀는 노래를 부르는 사람을 보고는 성악가가 되고 싶어했지. 그리고 그림을 잘 그리는 사람을 보고는 화가가 되고 싶어했단다. 그런데 소녀는 자라서 글을 쓰는 작가가 되었단다."

" 왜요?"

"사람마다 자신이 가진 재능이 다르기 때문이지."

박은 고개를 끄덕이며 생각에 잠겼다. 그리고 얼마 후 곧 달을 닮으려고 한 것이 잘못되었음을 깨닫고 자신이 할 수 있는 일을 찾았다. 단단한 그릇이 되기로 한 것이다.

그러자 달이 박에게 말했다.

" 내가 못 하는 일을 넌 하는 구나."

< 강상구의 [1년만 미쳐라] 중에서 33쪽 >

외모로만 섣불리 보고, 그것을 기준으로 박은 달처럼 어두운 세상을 환히 비추는 달처럼 되고자 결심했지

만, 시간이 흘러, 그것은 잘못된 판단이었음을 달의 말을 통해 깨닫게 되고, 결국 박은 자신이 잘 할 수 있는 일, 달조차 못 하는 일을 발견하여, 단단한 그릇이 되어, 사람들에게 유익하고 쓸모 있는 존재가 되었다.

만약에 박이 달처럼 빛을 내기 위해, 달을 흉내 내며, 달의 삶을 쫓아갔다면, 그의 삶은 너무나 힘겹고, 어설프고, 뒤죽박죽이 되는 그런 삶을 살았을 것이다. 그가 아무리 표면을 달처럼 반짝거리게 하려고, 포기하지 않고, 노력하고, 또 노력한다 해도 결코 달처럼 될 수 없기에, 노력하면 할수록 좌절과 절망은 커져 갈 것이 뻔하다.

이 뿐만 아니라, 달과 닮기 위해, 표면을 너무 닦다 보니, 결국 박의 표면은 얇아져서, 자신이 남들보다, 그리고 달보다 더 잘 할 수 있는 단단한 그릇이 되는 일도 종국에는 하지 못 하게 되어, 아무 쓸모없는 존재로 전락해 버릴 수 있을 것이다.

이런 이유에서 우리는 우리가 남들보다 잘 할 수 있는

일을 발견하고, 그것에만 집중하는 것이 매우 중요한 것이라고 말 할 수 있다. 여기서 가장 중요한 것은 타인과 나의 차이점을 잘 관찰하는 것이라고 말 할 수 있다.

자기 자신만이 가진 강점을 발견하기 위해, 우리는 타인과 나의 차이점에 대해 눈을 크게 뜨고, 마음을 열고, 감성을 최대한 동원하여, 주시해야 하고, 느껴야 한다. 오감을 총 동원하여, 우리는 자신과 타인을 가르는 그 차이점에 대해 세심하게 주목해야 한다. 그 차이점 속에 우리의 강점을 발견할 수 있는 실마리가 숨겨져 있기 때문이다.

우리가 무엇보다 자신과 남들의 차이점에 주목해야 하는 이유가, 지금까지 많은 자기 계발 도서들이 모두 자기 자신이라는 내부에 주목하지 않고, 성공의 조건을 외부의 조건 즉 목표의 설정이나 꿈을 꾸는 것, 긍정적인 생각과 동기 부여, 열정과 노력, 보다 나은 시간 관리 등과 같은 외부의 조건과 외부의 것들에 주목하도록 했기 때문이다.

성공적인 삶을 살기 위해서 가장 먼저 그리고 가장 많이 주목해야 하는 것은 이러한 외부의 것들이 아니라, 바로 우리 자신의 내부인 자기 자신이어야 한다.

자신과 남들의 차이점을 잘 관찰하여, 그것을 통해, 자신의 강점을 발견하는 것이 매우 중요한 과정이지만, 이러한 과정에는 주목하지 않고, 많은 사람들이 단지 타인의 화려한 성공과 성공 법칙에 주목하여, 자신도 그것을 따라 하려고 하기 때문에, 성공은 더욱 더 멀어지게 된다는 사실을 알아야 한다.

자기 자신의 강점이 무엇인지, 그리고 자신과 남들의 차이점이 무엇인지를 기초로 한 목표 수립과 이러한 사실과 과정을 전혀 고려하지 않고, 오직 멋있어 보이고, 좋아 보이고, 부러워 보이는 것에 치중한 목표 수립과 그러한 목표를 달성하기 위한 열정과 노력은 차라리 안 하는 것이 더욱 더 낫다. 왜냐하면 그러한 삶은 자신의 삶이 아니기 때문이다.

그러한 타인의 삶을 살기 위해 우리는 태어나서 존재

하는 것이 아니기 때문이다. 우리는 우리의 삶을 살아야 한다. 그렇게 하기 위해서는 자신과 남들의 차이점을 잘 관찰해야 한다. 남들과의 차이 속에 강점이 숨어 있기 때문이다.

7. 줄탁동시(啐啄同時)_ 독특함에 이르는 비밀!

최근에 공부한 고사 성어 중에 줄탁동시(啐啄同時)라는 고사성어가 있다. 이 고사 성어에 대해 말하자면, 한 마디로 가장 이상적인 사제지간을 비유하는 고사 성어이다.

어미 닭이 알을 품에 안았다. 그리고 어느 새 어미 닭의 품에 안긴 알 속에서 자란 병아리가 세상 구경을 해야 할 때가 되었다. 하지만 병아리의 힘보다 알이 더 단단하다. 병아리는 몸을 움직여 보기도 하고, 발을 구르기도 해 본다.

하지만 알은 너무 단단해 보이기만 하다. 결국 병아리는 본능적으로 무의식적으로 자신의 몸 중에서 가장 날카로운 부리로 알의 한 곳을 정해서 쪼기 시작한다. 이것이 바로 줄(啐)이다. 이러한 소리를 본능적으로 직감하고 있는 어미 닭은 그 소리를 듣고 정확히 그 위치에 자신도 화답이라도 하는 듯, 쪼기 시작한다. 이것이 탁(啄)이다.

이 두 가지가 서로 동시에 일어 날 때, 바위처럼 느껴졌던 알은 깨지고 비로소 병아리는 세상 밖으로 나오게 된다. 이것이 바로 줄탁동시(啐啄同時)라는 고사성어의 핵심 이야기이다.

이 고사 성어는 참으로 매력적인 세상 이치에 대해 말해주고 있는 이야기가 아닐 수 없다. 행복한 가정은 부부(夫婦)가 줄탁동시(啐啄同時)해야 이루어진다. 손뼉도 마주쳐야 소리가 날 수 있다는 매우 당연한 이치를 말하고 있지만, 매우 의미심장한 이치이기도 하다.

세계적인 기업은 노사(勞使)가 줄탁동시(啐啄同時)

해야 가능하듯, 한 개인의 성장과 발전도 이와 비슷한 이치가 적용이 된다. 한 가정이든, 한 회사든, 내부와 외부가 한 방향으로 나아 갈 때, 발전이 있고, 행복이 있고, 성장이 있다.

그리고 이 뿐만 아니라, 한 개인이 성공을 하기 위해서도 반드시 따라야 할 이치가 숨겨져 있는 고사 성어라고 할 수 있다. 왜냐하면 줄탁동시(啐啄同時)를 이루어내기 위해서 가장 선행되어야 할 조건이 바로 병아리가 자신의 부리로 알을 쪼는 줄(啐)이기 때문이다. 이것은 바로 자신이 가지고 있는 재능 중에서 가장 잘 할 수 있는 일을 발견할 때, 비로소 가능한 것이라고 볼 수 있기 때문이다.

병아리는 답답한 알의 속에서 아무것도 자신의 힘으로 할 수 있는 것이 없다. 아무리 몸부림을 치고, 발을 동동 굴러도 아무 소용이 없다. 하지만 병아리도 자신의 강점이 있다는 사실을 본능적으로 깨닫고, 자신이 가진 것 중에 가장 위력적이고, 가장 날카롭고, 가장 강한 것으로 알을 쫄 때, 이 세상도 역시 우리의 재능에 화답해 준다는 사실을 우리는 알아야 한다.

우리가 줄탁동시 할 수 있는 것은 우리의 본능 때문이고, 우리의 무의식 때문이다. 누구한테 배워서 하는 것이 아니다. 이처럼 자기 경영의 본질은 자신의 무의식이 이끌어 가는 대로 따라 가야 한다.

독특함에 이르는 비밀은 여기에 있다. 아무리 남들처럼, 남들을 흉내 낸다고 해도 위대해지지 않는 다. 독특함의 비밀은 자기 스스로 자신의 길을 찾아서 자신의 부리로 알을 쪼아야 한다. 그 때 알 밖에서 어미 닭이 쪼아주듯, 이 세상은 독특함에 이를 수 있는 길을 만들어주고 독특함에 이를 수 있는 문을 활짝 열어 준다.

바로 이런 점에서 독특함은 스스로 만들어나가는 것이면서 동시에 세상이 허락해 주어야 하는 것이다. 그리고 동시에 하늘은 스스로 돕는 자를 돕는다는 말이 이 경우에 적용이 되는 것이다.

우리는 자신의 본능과 무의식이 우리를 이끌어 가는

곳에 이끌려야 할 필요가 있다. 우리의 무의식이라는 시선이 고정되는 곳이 무엇인지, 무의식이 본능적으로 흘러가게 내버려 둘 필요가 있는 것이다. 본능적으로 우리의 몸과 마음과 의식과 무의식이 하고자 하는 것을 의식적으로 차단하고 방해할 경우, 우리는 영원히 우리 자신의 강점을 발견할 수 없고, 우리의 줄(啐)을 행할 수 없다.

8. 자신의 무의식이 흘러가게 내버려 두라.

옛날에 인생에서 성공하기를 갈망하는 한 젊은이가 있었다.

그 젊은이는 어떻게 하면 성공할 수 있는지, 그 방법을 찾기 위해, 전국을 돌아다니며, 그 방법을 알려 줄 만한 스승들을 다 만나면서, 가르침을 배우고자 전국을 떠돌아다니고 있었다. 하지만 그 어떤 스승들도 젊은이의 마음에 확신을 주는 대답을 하지 못 했다.

어떤 스승은 근면 성실하라는 가르침을 주었고, 또 어떤 스승은 진심(盡心), 마음을 다 하여 하라는 가르침을 주었고, 또 어떤 스승은 한 가지 목표를 세우고, 평생 그것만 하라는 가르침을 주었고, 또 어떤 스승은 열정을 품고, 꿈을 가지라는 가르침을 주었다.

이렇게 많은 가르침을 받았음에도 그 젊은이는 도저히 확신이 서는 가르침이 없었던 것이다. 그래서 그 젊은이는 가르침을 얻는 것을 포기하고, 집으로 되돌아가려고, 어느 산골 작은 마을을 지날 칠 때, 누군가의 글 읽는 소리가 자신의 귀에 들려 왔다.

누군가의 글 읽는 소리를 듣는 그 순간, 그 젊은이는 정말로 자신이 하고 싶은 것은 글공부라는 사실에 대해 비로소 깨닫게 되었다. 그 순간 자신이 헛된 성공에 집착하여, 허송세월을 보냈다는 것을 또한 깨닫게 되었다.

그 일로 인해 자신의 내면에서부터 갈망하는 것이 바

로 글공부라는 것과 자신이 무의식적으로, 자신의 마음이 흘러가는 대로 내버려 둘 때, 결국에는 그것이 바로 자신의 성공을 결정짓는 자신에게 주어진 최고의 길이라는 사실을 알게 되었던 것이다.

그 이후 그 젊은이는 다른 길, 다른 일에 절대 한눈팔지 않고, 자신의 무의식이 흘러가는 바로 그 지점인 글공부에만 오롯이 전념할 수 있게 되었다고 한다.

이처럼 우리 각자는 우리의 무의식이 마음대로 흘러가게 내버려 두어야 할 때가 있으며, 그렇게 해야 한다. 왜냐하면, 그것을 통해 우리가 진정 하고 싶은 것이 무엇인지, 그리고 무엇보다 우리의 재능이 숨겨져 있는 강점이 무엇인지 발견할 수 있기 때문이다.

유대인 철학자인 마틴 부버도 다음과 같은 말을 남겼다.

"네가 어떤 길을 선택해야 할지 나는 말해 줄 수 없다. 다만 너의 마음이 어느 길로 가고자 하는지 잘 들어 보아라. 그리고 온 힘을 다해 그 길을 가라."

이 세상에 어떤 현인도 내가 어떤 길을 선택해야 할지 말해 줄 수 있을 만큼 훌륭한 사람은 없다. 내가 어떤 길을 선택해야 할 지, 그 길을 제대로 선택하는 방법은 자신의 마음과 무의식이 가고자 하는 길이 어떤 길인지 잘 들어 보는 길 밖에 없는 것이다.

자신의 무의식이 흘러가도록 내 버려두어야 하는 또 다른 이유는 그렇게 할 때, 우리의 몸과 마음은 가장 창조적이고, 강력한 에너지를 발산해 낼 수 있기 때문이다. 특히 가장 창조적인 아이디어를 생각 해 낼 수 있을 때가 바로, 물 흐르듯 자신을 내버려 둘 때이다.

이러한 때는 흔히 우리가 샤워를 할 때, 잠을 잘 때, 욕조에 몸을 담그고 있을 때이다. 이때는 우리가 의식적으로 무엇을 하는 것이 아니라, 물 흐르듯 자신을 이 세상의 무엇인가에 내 맡길 때다. 이 때 우리 내면의 무의식도 가장 활성화가 된다. 그 결과 평소에는 도저히 생각할 수 없었던 창의적인 생각들이 잘 떠오르게 되는 것이다.

우리의 무의식이 흘러가게 내 버려 둘 때, 창의적인 생각뿐만 아니라, 우리 내면 깊숙한 곳에서 잠자고 있던 천재성이 깨어나게 되고, 우리는 비로소 그것이 무엇인지 처음으로 발견하게 되고, 목격하게 되는 것이다.

우리 내면의 무의식의 흐름을 타게 되면, 우리 뇌는 가장 느린 파장으로 변하게 된다. 이것을 알파 파장이라고 부르기도 한다. 이 상태에서 우리 인간은 평소 보다 훨씬 더 창조적이 되고, 에너지가 쌓이게 된다. 그 결과 우리는 참 된 자신을 발견하게 된다.

자신의 무의식이 흘러가게 내 버려 둘 때, 우리는 비로소 직관에 의지할 수 있게 된다. 그 결과 내부에서 들려오는 메시지에 귀를 기울 일 수 있게 되고, 그 소리가 비로소 들리게 된다. 언제나 우리를 의식보다 먼저 한발 앞서서 이끄는 것은 무의식인 셈이다. 그렇기 때문에, 무의식이 흘러가는 데로 자신을 내맡길 때, 우리는 보다 더 자신을 깊이 있게 발견하고, 큰 힘을 얻게 된다.

9. 너의 내면 깊숙한 곳을 두드려라.

동물들은 태어나면, 본능적으로 누가 가르치지도 않았지만, 네 발로 서고, 어미의 젖을 찾아가서 젖을 입으로 물고, 젖을 빨아 먹는 다. 이것은 무엇보다 본능에 의한 행동이다. 우리 인간도 이러한 본능이 이끄는 것을 무시해서는 안 된다.

우리 마음 깊은 곳에서 우러나오는 것이 무엇인지 살피게 되면, 우리가 진정 온 몸으로 원하는 것이 무엇인지 알게 되고, 그것은 바로 우리에게만 주어진 강점과 매우 밀접한 관련이 있다는 사실도 깨닫게 될 것이다.

" 네 마음 깊은 곳을 찾아가서 두드려라. 그리고 무엇을 알고 있는지 물어라. "

영국의 대문호 세익스피어의 말이다. 나는 이 말을 알고 있기 전에, 내 마음 깊은 곳을 찾아가서 내가 무엇을 잘 할 수 있는 지 물어 본 적이 있다. 그것은 바로 내가 세상의 외형적인 성공을 따라, 고군분투하는 것을 다

내려놓고, 조용히 내면에 귀 기울이며, 나를 찾아가는 여행을 떠났을 때였다.

세상은 어제나 오늘이나 언제나 분주하고 바쁘게 보인다. 그래서 우리로 하여금 우리 스스로도 그렇게 분주하고 바쁘게 살아야 한다는 잘못된 생각을 스스로 하게 만들고, 이 세상과 보조를 맞추어, 뒤 떨어지면 안 된다는 생각을 자꾸 자각하도록 만든다. 그래서 우리는 오늘도 바쁘고 분주할 뿐이다. 하지만 정녕 중요한 것은 분주하고 바쁠 때, 발견할 수 없으며, 우리를 최고로 만들 수 있는 가장 중요한 핵심과 관련된 것은 더욱 더 그렇다.

우리의 마음 깊은 곳에서 우러나오는 것, 즉 우리의 마음이 우리에게 진정으로 시키고 싶은 일, 우리가 진정 마음으로부터 하고 싶은 일이 무엇인지 알기 위해서는 우리 마음에 물어 봐야 하고, 마음이 스스로 대답해 줄 때까지, 조용히 귀 기울여 무슨 소리가 날 것인지에 대해 기대하며, 기다려야 한다. 그래야 어떤 소리가 날 때 우리는 그것을 놓치지 않게 되는 것이다.

하지만 우리는 너무 바쁘고 분주하여, 아무것도 듣지 못 하는 것이다. 그래서 자꾸만 우리는 열심히 살아가고 있지만, 우리 자신을 잃어버리며 살아가고 있는 것과 같은 삶을 살게 되는 것이다. 그래서 열심히 살지만, 여전히 가난하고, 여전히 공허할 뿐이다.

우리 마음에는 이미 우리 삶의 지도가 내재하고 있다. 하지만 우리는 너무 열심히 살기 때문에, 그것을 조용히 응시하며, 바라 볼 수 없게 되었다. 잠시도 우리를 가만히 내버려 두지 않는 이 세상의 분주함과 경쟁 심리와 세상의 헛된 것들에 대한 집착들은 우리를 더욱 더 채찍질 하며, 몰아가고 있다.

우리에게 필요한 것은 세상적인 성공과 부가 아니라, 내면의 소리를 들을 수 있는 귀와 내면의 지도를 볼 수 있는 눈이다. 그러한 눈과 귀가 있는 사람이 결국에는 최고가 되며, 1인 혁명가로 우뚝 설 수 있게 되는 것이다.

남들은 분주하게, 바쁘게 그리고 열심히 세상이 시키는 일을 하면서 평생을 살게 되지만, 남는 것은 아무것도 없다는 사실을 알게 된다. 하지만 덜 바쁘게, 덜 열심히 사는 사람은 행운아이다. 왜냐하면, 자신의 내면의 소리에 귀 기울일 줄 아는 사람으로 돌아 갈 수 있는 시간과 기회를 얻게 된 사람이기 때문이다.

우리가 강점을 발견하기 위해서 필요한 것은 열심히 사는 것이 아니라. 분주한 많은 것들을 내려놓고, 잠시 내면의 소리에 귀를 기울이는 것이다. 바로 그 때, 본능적으로 내면에서 꿈틀거리는 소리를 듣게 되고, 그 방향으로 우리는 우리의 삶을 방향 전환할 수 있게 되는 것이다.

성공한 사람들은 어떻게 보면, 모두 자신의 내면 깊숙한 곳에서부터 우러나오는 소리에 경청을 한 사람들이었다고 할 수 있다. 무엇보다 그들은 세상의 흐름에 좌지우지되지 않았고, 자신만의 길을 끈기 있게 갔던 사람들이기 때문이다.

자신의 내면에서 우러나오는 소리조차 경청하지 못하는 사람은 절대 승자가 될 수도 없고, 리더가 될 수도 없다. 무엇보다 자기의 강점을 발견할 수도 없다. 그러므로 가장 먼저 자신의 내면 마음 깊은 곳에서부터 우러나오는 소리를 경청해 보라. 놀라운 사실을 발견하게 될 것이다.

episode _ 독특함의 대가를 직접 만나라. VI

독특함의 대가 VI - 커넬 센더스

" 나는 누구일까? 나는 무엇을 가장 잘 할 수 있을까? 라는 질문에, 그는 너무나 쉽게 대답했다. " 나는 누구보다 닭을 맛있게 만들 수 있는 요리사다. "

" 나는 누구보다 닭 요리를 잘 할 수 있다."

우리가 잘 알고 있는 인생 역전의 대표적인 인물인 KFC 의 창업자인 '커넬 센더스' 도 자기경영의 대가였다는 사실을 알고 있는가?

그는 사실 처음부터 자기 경영의 대가는 아니었다. 그래서 그는 노년까지 힘든 삶을 살았다. 그는 자기 자신의 강점에 대해 제대로 발견하고, 그것에 집중하는 법을 몰랐기 때문에, 사업을 해도, 실패를 할 수 밖에 없었다.

그의 삶을 간단하게 살펴보면, 어린 시절부터 온갖

일을 해야 하는 불행한 환경 속에서 그는 자랐고, 켄터키라는 작은 시골에서 주유소를 중년의 나이에 운영하게 되었다. 그 때부터 그의 삶이 좀 편안해 질것처럼 보였지만, 그는 주유소를 그만두고, 닭튀김을 판매하는 사업을 하게 되었다.

물론 그의 강점인 요리를 토대로 해서, 사업을 한 것은 매우 잘 한 것이었다. 그래서 그는 처음에는 승승장구하며, 큰 성공을 거두었다. 하지만 그가 65세 되던 해에 경영 부실로 사업에 실패를 하게 되었다. 그 이유는 분명했다. 그는 자신의 강점인 요리에 집중하지 않았고, 남들이 다 하듯이 경영을 하기 시작 했던 것이다. 그는 경영에 대해 자신이 강점을 가지고 있다고 생각했던 것일까? 그는 60대의 노년의 나이에 큰 사업 실패를 통해, 자신에 대해 다시 생각하기 시작 했다.

" 내가 경영자인가? 아닐 것이다. 내가 경영자라면 왜 이렇게 큰 실패를 할 수 있단 말인가"

그는 엄청난 사업 실패 앞에 절망 했다. 그리고 그는

자신에 대해 스스로 물었다.

“ 나는 누구인가? 나는 무엇을 가장 잘 할 수 있는 사람인가?”

이러한 질문을 하는 순간, 그는 주저하지 않고, 분명하게 한 가지의 대답을 할 수 있었다.

“ 나는 요리사다. 나는 누구보다 닭 요리를 잘 할 수 있는 사람이다.”

그는 이러한 분명한 대답을 통해, 다음과 같은 놀라운 확신들이 생겨 났던 것이다.

“ 나는 경영에는 실패했지만, 닭 요리만큼은 누구보다 잘 할 수 있고, 어디에서든 성공할 자신이 있다.”

그 순간, 그는 자신의 강점인 닭 요리에 집중해야 한다는 것을 확실하게 깨닫게 되었고, 그는 다시 사업에 도전을 하게 되었다. 하지만 이번에는 경영이 아닌, 자신의 강점인 닭 요리에만 집중하여, 사업을 하게 되었던 것이다.

여기서 놀라운 사실은, 자신의 강점에 집중하여, 하는 것과 다른 사람들이 하던 방식대로 그냥 따라 하는 것에는 엄청난 차이가 발생한다는 것을 우리는 알아야 한다.

남들이 보기에는 똑같은 사업이지만, 어떤 사람은 개발에 집중하는 사업을 할 수 있고, 또 다른 어떤 사람은 경영에 집중하는 사업을 할 수 있다는 점이다.

그는 절대 자신이 경영자라고 생각하지 않았다. 그리고 그는 자신이 요리사라는 사실을 항상 되새기며, 자신의 요리법을 로열티를 받고 전수해 주면서, 철저하게 자신의 강점을 활용했다. 그 결과 그는 600여 개가 넘는 체인점을 열게 되는 명실상부한 성공을 할 수 있게 되었던 것이다.

그는 자신이 잘하지 못 하고, 자신의 강점이 아닌 경

영에 어설프게 손을 대고, 경영자로서 경영을 하려고 했을 때는, 큰 사업 실패를 했지만, 자신의 강점인 닭 요리에 집중하여, 닭 요리법을 전수해주고, 로열티를 받는 요리사에 집중할 때, 엄청난 성공을 했던 것이다.

바로 이것이 똑 같은 직장에서, 똑 같은 업무를 맡아서 해도, 자신의 강점을 잘 살린 경우와 그렇지 못 한 경우의 엄청난 차이에 대해 잘 말해 주는 사례이다. 그리고 그 뿐만 아니라, 자신의 강점에 집중할 때, 그 효과가 확장되어, 더 큰 일을 할 수 있다는 사실에 대해서도 잘 방증해 주는 사례인 셈이다.

" 나는 경영자가 아니다. 나는 단지 요리사일 뿐이다."

라고 확실하게 자신의 강점에 대해 집중할 때, 그의 사업은 큰 성공을 할 수 있었던 것처럼, 우리 역시 자신의 강점에 집중할 수 있어야 한다. 그가 강점에 집중할 때, 세계적인 KFC를 만들 수 있었던 것을 명심하자. 이런 점에서 그는 인생의 노년에, 큰 실패를 통해, 자신의 강점인 요리에 집중하는 것이 자신의 가장 큰 성공 전략이라는 사실을 깨닫게 되었던 것이다. 그래서 그는 자기경영의 대가가 될 수 있었던 것이다.

제3장. 타인의 삶으로부터 뛰어내려라

1. 새로운 것을 끊임없이 시도하라.

한국 사회에 1인 기업가라고 하면 떠오르는 사람이 두 사람이 있다. 바로 구본형씨와 공병호씨이다. 이 두 사람은 1인 기업의 양대 산맥이라고 할 수 있다. 그래서 자기계발분야의 한국판 '구루'로 추앙 받고 인기를 누리고 있다. 자기계발분야의 1 세대라고 할 수 있다. 하지만 이 두 사람 모두 처음부터 그러한 작가나 경영연구소의 소장으로 1인 기업가로 살았던 사람들이 아니다.

이 두 사람 모두 평범한 직장인이었다.

하지만 인생의 중년에 큰 위기를 기회로 바꾸고, 새로운 것을 끊임없이 시도하며, 모험을 감수해 내는 과정에서 자신의 강점인 재능을 발견할 수 있게 되었고, 그 발견된 강점을 최대한 발휘하는 일을 통해, 지금의 성공을 이룩하게 되었다는 공통점이 있다.

[나는 탁월함에 미쳤다]라는 공병호씨의 책은 한 마디로 '공병호의 인생 이야기' 라는 부제를 달고 있는 만큼, 자신의 삶에 대해 소소하게 담아서 우리에게 감동을 주는 책이다. 이 책의 앞부분에 보면 다음과 같은 말이 나온다.

" 사람들은 저마다 자신만의 타고난 재능이 있다. 이제까지 여러 사람들을 만나고 나 자신을 관찰하면서 깨우친 사실은 모든 재능을 타고난 사람은 없다는 것이다. 물론 여러 방면에서 다재다능한 사람들이 있긴 하지만 그런 이들은 정말 소수일 뿐, 대개의 사람들은 어떤 특별한 분야에서 뛰어난 재능을 보인다. 손재주가 뛰어나 무언가를 만들어내는 능력, 남을 설득하는 능력, 새로운 것을 기획하는 능력 등 세상에는 수많은 재능들이 존재한다. 그러나 그것은 그냥 발견되는 것이 아니라 다양한 실험을 해보면서 스스로 자신의 재능을 찾으려는 사람에게만 드러난다. 전문가들이 자신의 이모저모를 세심하게 관찰하는 자기관찰(self-observation)을 강조하는 이유도 그것 때문이다.

새로운 일들에 계속 자신을 노출시키면서 재능을 찾고 확인해가는 과정은 마치 실험실 안에서 다양한 조합으로 실험을 하는 것과도 같다. 다양한 시도를 하지 않으면 재능을 확인하기도 어렵다. 그렇기에 조금이라도 새로운 기회가 주어지면 그전까지 전혀 해보지 않았던 것이더라도 시도해야 하고, 새로운 기회가 주어지지 않으면 자꾸 그런 기회를 만들기 위해 노력해야 한다. 그래야만 자신이 어떤 재능을 갖고 있는 지 깨닫게 된다.

또한 자신의 재능을 찾아가는 과정에서 필수적인 것은 시행착오를 감내해야 하는 것임을 기억해야 한다. 그냥 교과서나 책을 읽고 깊이 성찰하는 행위만으로 자신의 가능성을 발견한다는 것은 여간 힘든 일이 아니기 때문이다. 중요한 것은 도전하고 행동하는 것, 그것이 재능을 발견하는 데 있어 가장 큰 도움을 준다는 사실이다. "
< 공병호, [나는 탁월함에 미쳤다], 22 ~ 23쪽, >

그의 말처럼, 공병호씨 자신도 여러 가지 일들을 도전하고 행동 할 때, 비로소 자신이 가진 강점이 타인을 설득하는 능력이라는 사실을 발견하게 되었다고 한다. 그러한 발견 덕분에 그는 현재 한국 사회에서 대표적인 1인 기업가로 명성을 떨치고 있는 것이다.

이처럼 자신의 강점을 발견한다는 것은 매우 어렵지만, 그만한 가치가 충분히 그리고 넘치도록 있다. 우리도 그처럼 우리가 가진 강점을 제대로 발견하는 것이 매우 힘들고, 어렵지만, 자신의 강점을 발견하는 것이 무엇보다 중요한 성공의 기초가 되어 준다는 사실을 명심할 때, 여러 가지 시행착오와 실수를 두려워하지 않고, 도전할 수 있을 것이다.

2. 타인의 삶으로부터 뛰어내려라.

[익숙한 것과의 결별]의 저자이기도 한 구 본형 씨

역시 이러한 자기 강점의 발견 과정을 겪은 사람이다.

" 타인의 삶으로부터 나는 뛰어내렸다. 내가 되기 위해 나는 혁명이 필요했다."

라고 말하는 그는 타인과 동일한 삶을 평범하게 살아왔던 이 땅의 가장이었다. 하지만 그는 자신이 되기 위해, 타인의 삶으로부터 뛰어내리는 모험을 감행했고, 혁명을 위한 도전을 시도했다. 마치 공병호씨가 했던 것처럼 말이다.

그 결과 그는 자신의 강점이 무엇보다 책을 쓰는 능력이라는 사실을 뒤늦게 발견하고, 그것에 몰입한 결과 현재의 성공한 자신이 존재한다는 것을 우리에게 알려주고 있다.

그가 자신의 강점이 책을 쓰는 것이라는 것을 발견할 수 있었던 것은 바로 끊임없이 다양한 도전을 시도했기 때문이라는 사실을 이 책을 통해 알 수 있다. 이처럼 도전하는 것은 매우 중요한 자신의 강점을 발견하는 방법

중에 하나이다.

그는 다른 사람들보다 운이 좋았다. 보통의 대부분의 사람들은 그러한 강점을 발견하지 못 하고, 그저 그런 삶을 살아가기 때문이다. 그는 자신의 강점을 발견하고, 마치 어린아이처럼 기뻐하며, 그 강점을 즐기고 누리며 발휘하면서, 삶을 매우 알차게, 의미 있게, 가치 있게 만들어 갈 수 있었다.

" 나는 이 책으로 인생을 다시 시작할 수 있었다. 책을 쓸 수 있다는 것을 알게 되었고, 몰입할 수 있다는 것을 알게 되었고, 스스로에게 선물을 줄 수 있는 사람이라는 것도 알게 되었다. 무엇보다도 내가 가지고 있는 내면의 자산을 끌어다 쓸 수 있는 사람이라는 것을 알게 되었다. 그것은 행운이었다. 왜냐하면 그 사실을 알게 된 다음부터 가난에서 벗어날 수 있었기 때문이다. 가난이 지독히 나쁜 이유는 하기 싫은 일을 어쩔 수 없이 하게 만들기 때문이다. 내 안에 얼마든지 쓸 수 있는 엄청난 유산이 매장되어 있다는 것을 깨닫는 순간 나는 가난이라는 어쩔 수 없는 상황에서 벗어 날 수 있었다. 내 안에 얼마나 많은 것들이 숨겨져 있는 지 얼른 꺼내보고 싶었다. 선물을 받은 아이가 포장을 뜯어보고 싶어 하듯이 이 책은 껍질을 뜯고 나의 내면을 탐구하고 싶은 욕망을 불러 일으켰다." < 구본형, [익숙한 것과의 결별], 8쪽 >

청춘 혁명을 하기 위해 우리는 그동안 우리가 살아왔던 타인의 삶으로부터 뛰어내려야 한다. 타인이 아닌 자기 자신이 되기 위해 우리에게 필요한 것은 혁명이기 때문이다. 인생을 다시 시작하게 하는 힘은 타인의 삶으로부터 뛰어내릴 수 있는 행동이다. 이러한 실천을 통해 우리는 다시 시작할 수 있고, 다시 혁신을 할 수 있다.

3. 행동하지 않으면 아무것도 발견해 낼 수 없다.

새로운 것을 끊임없이 시도하면서, 수많은 시행착오를 통해 우리는 우리에게 부여된 자신만의 강점과 재능을 발견할 수 있게 된다. 그리고 그것이 독특함에 이르는 길을 발견하는 최고의 방법이다.

그러므로 도전하고, 행동하자. 그리고 무엇보다 아직 한 번도 해 보지 않았던 분야에 대해, 도전해 보고, 끊임없이 시도해 보는 것이 좋은 인생 경험이 될 뿐만 아니라, 자신에게 숨겨져 있는 귀한 재능과 강점을 발견하는 무엇과도 바꿀 수 없는 절호의 기회라는 점을 명심해야 할 것이다.

" 당신이 할 수 있는 것 또는 할 수 있다고 꿈꾸는 것이 있다면 시작하라. 대담함은 비범한 재능과 힘과 마법을 지니고 있다."

라고 괴테는 말한바 있다. 그의 말처럼, 시작하고 도전할 수 있을 때, 꿈은 더 이상 망상의 수준에서 벗어날 수 있을 뿐만 아니라, 비범한 재능과 힘을 마법처럼 우리 눈앞에 나타나게 하여, 우리의 강점이 진정 무엇인지 발견할 수 있게 도와준다.

또한 괴테는 이런 말도 했다.

“ 우리 자신을 어떻게 알 수 있을 까? 그것은 생각을 통해서가 아니라 행동을 통해서다. 자신에게 주어진 일을 해보라. 그러면 자신이 누구인지 금방 알게 된다.”

그의 말은 매우 의미심장한 말이다. 하지만 우리는 우리에게 주어진 일을 뛰어넘어, 새로운 일들을 끊임없이 해 봐야 한다. 그렇게 할 때, 우리는 우리 자신을 알 수 있을 뿐만 아니라, 우리 자신에게만 있는 강점을 발견할 수 있게 되기 때문이다.

이와 비슷한 말을 어니스트 헤밍웨이도 한 바 있다.

“ 자기 안에 어떤 능력이 도사리고 있는지 직접 해 보기 전에는 아무도 미리 알 수가 없다.”

그의 말은 전적으로 옳다. 우리는 직접 해 보기 전에는 그 일에 우리가 소질이 있는지 없는지 절대 알 수 없다. 눈으로 볼 때는 쉬워 보여도, 정말 소질이 없을 수도 있고, 눈으로 볼 때는 재미없어 보여도, 직접 해 보면 의

외로 매우 재미있는 것도 있고, 때로는 자신이 해 보기 전에는 도저히 자기 자신이 그러한 일을 할 수 있으리라고 상상도 못 해 본 일을 능히 해 내는 경우도 있다. 그렇기 때문에 우리는 다양한 일들을 직접 해 보고, 시도해 보아야 할 필요가 반드시 있다.

4. 세상에 휘둘리지 말고, 세상을 넘어 우뚝 서라.

자신의 강점에 집중하는 방법 중에 하나는 이 세상에 휘둘리지 않는 것이다. 특히 이 세상에 널려 있는 많은 성공법칙과 세상의 법칙들이다. 이미 유효기간이 지나버린, 세상에 존재하는 수많은 세상의 법칙과 성공의 법칙에 자신을 맞추기 위해, 자신을 변화시키기 위해 노력해서는 안 된다. 왜냐하면 아무리 노력해도, 그리고 노력하면 할수록, 자신에게서 멀어져 가고, 성공으로부터 멀어져 가기 때문이다.

참 된 인생의 변화와 혁명은 내부로부터 시작되는 것

이다. 그것도 자기 자신에게 초점을 맞춘 변화와 혁명이 참 된 변화와 혁명이 될 수 있다. 세상을 바꾸고자 한다면 먼저 우리 자신을 바꾸어야 하는 이유가 이것이다.

결코 우리 외부의 것을 잘 관리하고, 바꾼다고 우리 자신이 바뀌는 것은 아니다. 하지만 우리 자신을 진정으로 바꾼다면, 이 세상도 바꿀 수 있는 길이 열리게 된다. 그래서 자신을 바꾼 사람은 이 세상도 바꿀 수 있게 되는 것이다. 그래서 우리가 가장 먼저 해야 하는 것이면서, 가장 끝까지 해야 하는 것은 세상에 휘둘리지 않고, 균형을 잡는 것이다. 그렇다면 균형을 잡는 것의 가장 큰 중심은 무엇일까? 바로 자신의 강점에 끝까지 집중하는 것이다.

다른 사람을 흉내 내는 사람은 이 세상의 주위 것들에 휘둘리며 사는 사람에 불과하다. 우리들 모두는 다른 사람을 따라 하고, 흉내 내었기 때문에, 이 세상에 태어날 수 있었던 것이 절대 아니었다. 자신의 본능대로 자신이 이끄는 대로 실천했기 때문에, 태어날 수 있었던 것이다. 우리가 해야 하는 것은 다른 사람의 성공법칙을 따라 하기 위해 우리 자신을 바꾸는 것이 아니라, 우리 자신이 가진 유일한 강점을 더욱 더 강하게 집중하고, 그것을 발휘하는 것이다.

아무리 생각해 봐도, 오늘날 우리 주변의 수많은 사람들이 그들의 잠재력을 제대로 발휘하지 못하고 살아가고 있는 것 같다. 그들이 처한 환경이 잠재력을 제대로 발휘하도록 자극하지 못할 수도 있고, 실제로 성장을 방해하는 경우가 많다.

현대의 많은 사람들은 자신의 잠재력이 매우 놀라운 것임에도 세상에 휘둘러서 제대로 발휘조차 해 보지 못하고, 평생을 그저 타인과 비슷하게 살려고 노력하기에만 급급한 삶을 아등바등 살아가고 있는 지도 모른다.

우리가 세상에 휘둘리지 말아야 하는 이유는 자기 자신의 성장과 발전을 위해서 뿐만이 아니다. 자기 자신이 세상에 휘둘리지 않아야, 세상을 보다 더 나은 곳으로 성장시킬 수 있다는 이유도 있다. 하지만 이 세상에 살고 있는 사람들 중에 너무나 많은 사람들이 세상의 환경에 휘둘려서, 그 영향으로 자신의 능력을 충분히 발달시키지 못 하고 있다. 그 결과 결국 자신도 성장을 못 하며, 이 세상도 성장을 못 하게 되는 것이다.

즉 다시 말해, 이 세상을 발전시키고, 이끈 사람들은 하나같이 이 세상에 휘둘리지 않았던 사람들이라는 사실을 알 수 있다. 특히 우리가 우리의 강점에 오롯이 집중할 수 있기 위해서는 세상에 휘둘리지 않아야만 한다는 사실을 명심하자.

그렇다면 세상에 휘둘리지 않는 다는 것은 무엇인가? 그것은 타인의 삶과 행동양식을 쫓아가지 않고, 자신의 삶과 행동양식을 개척하며, 자신만의 삶을 살아간다는 것을 의미한다. 그렇게 하기 위해서, 그리고 그러한 삶의 한 가지 방법으로 자기 강점에 집중하는 것이 필요하다.

그리고 자기 강점에 집중하며 살기 위해서는 또한 세상에 휘둘리지 않아야 한다. 어느 것이 먼저라고 할 수 없는 것은 닭과 달걀의 관계와 같다. 누군가가 세상에 휘둘리지 않는 삶을 살에 되면, 자신만의 길을 발견하게 되고, 그 과정에서 자신의 강점을 발견하고, 그것에 집중할 수 있게 된다. 그리고 또한 먼저 자신의 강점을 발견하고, 그것에 집중한 사람은 자연스럽게 세상에 휘둘리지 않는 그런 삶을 살아가게 된다.

세상의 중심에서 우리는 우리 자신으로 살아야 한다. 그래야 성공했을 때, 허전하지 않고, 우울하지 않을 수 있고, 참 된 성공을 할 수 있다. 무엇보다 우리는 우리 자신이 되는 법을 발견하고, 그것에 집중해야 한다.

자기 강점에 집중하는 최고의 방법은 당신 자신이 되는 것(Be yourself)이다. 우리 자신을 가장 우리답게 살 수 있게 해 주는 것이 바로 자기 강점에 집중하는 것이며, 그 방법은 우리 자신이 되는 것이다. 이러한 사실을 [당신 자신이 되라(Be yourself)]라는 책의 저자인 양창순 박사는 자신의 저서를 통해 다음과 같이 피력하고 있다.

" '당신 자신이 되라. Be yourself! ' 는 많은 사람의 인생을 바꾼 강력한 한마디 말이다. 실제로 잭 웰치는 이 말을 듣고 자신의 인생에 중요한 전기가 되는 결심을 했다. 그것은 바로 자신만의 고유 가치를 발견하고 개발시켜 '온리원' 이 되겠다는 것. 무한 잠재력을 끌어내는 플래티넘 심리의 법칙이란 바로 이 '온리원 전략' 을 세우는 방법과 시스템을 말한다.

누구에게나 무한 잠재력과 창조성이 숨어 있다. 그러나 모든 사람이 그것을 발견하고 개발시키는 방법을 알고 있는 것은 아니다. 남과 비교해 최고가 되는 베스트 전략으로는 더 이상 자신의 존재 가치를 인정받을 수 없는 생존 경쟁의 시대다." < 양창순, [당신 자신이 되라], 앞표지 저자 소개란에서 >

이 책의 저자의 말대로, 우리는 모두 무한 잠재력과 창조성을 가지고 있다. 결론은 그것을 발견하고 개발시키는 방법을 알고, 그것을 실천 할 때, 무한 경쟁 시대에 자신의 존재 가치를 인정받을 수 있다는 것이다. 뿐만 아니라, 자신의 무한 잠재력을 발견하고, 개발시키게 되면, 진정한 '온리 원' 이 될 수 있고, 그로 인해, 타인이 아닌, 자기 자신으로 살 수 있는 자유로움을 만끽할 수 있다는 것이다.

무엇보다 우리는 우리 자신이 될 수 있다. 바로 그 방법이 자기의 강점을 발견하고, 그것에 집중하는 것이다. 다시 한 번 말하자면, 그렇게 하기 위해서는 반드시 세상에 휘둘리지 말아야 한다. 세상이 그것은 바보짓이라고 말을 해도, 자신만의 길을 묵묵히 때로는 바보답게, 바보처럼 갈 수 있어야 한다. 그런 사람이 거인의 자질을 갖추고 있는 사람이기 때문이다.

5. 자신만이 할 수 있는 독특한 일을 추구하라.

성공한 사람들에 대하여 연구하고, 그 결과를 책이나 논문을 통해 발표하는 사람들이 굉장히 많다. 그러한 사람들의 발표 결과를 전체적으로 통합해 보면, 몇 가지 뚜렷한 공통점이 있다. 그러한 공통점 중에서도 가장 뚜렷한 공통점은 성공한 사람들은 절대 타인의 길이 좋아 보여서 그대로 타인의 길을 따라 갔던 사람은 한 명도 없었다는 사실이다.

즉 다시 말해 성공한 사람들은 대 부분이 자신만의 인생길을 꿋꿋하게 고수하며, 걸어나갔던 사람들이라는 특성을 갖고 있다. 이러한 사실은 또한 자신만의 인생길을 고수했기 때문에, 성공을 할 수 있었던 것이라고 볼 수도 있다. 이러한 사실이 또한 우리에게 알려 주는 중요한 메시지는 자신만의 인생길을 고수할 때, 자신의 강점을 가장 잘 발휘할 수 있다는 사실이다.

자신만의 인생길을 고수하면서도 우리는 얼마든지 행복할 수 있고, 얼마든지 성공할 수 있다는 사실을 명심하자. 오히려 자신만의 인생길을 바보처럼 가는 사람이 현대 사회에서는 더 많이 성공하고, 더 많이 행복하다는 사실을 [바보 ZONE]이라는 책을 집필한 차동엽신부는 자신의 저서를 통해, 이 시대에 진정한 성공의 길은 이것저것 다 잘 하는 만능 엔터테인먼트가 아니라, 오직 자신이 잘 할 수 있는 한 가지 일을 발견하고, 그 일을 통해 자신의 인생 사명을 완수할 수 있는 자신만의 인생길을 바보처럼 미련스럽게 그 길을 가는 것이라고 피력하고 있다. 그래서 그는 바보스럽게, 바보처럼 살아 갈 필요가 있다고 우리에게 그런 삶을 주문하고 있다.

차동엽 신부는 일본에서 유행하고 있는 직장인 문화 중에 '센몬빠가' 라는 말이 있음을 소개 하는 데, 이것은 한 마디로 한 분야에 바보스럽게 몰입하는 사람, 즉 한 가지 일에만 몰입하며 자신의 길을 고수하는 사람을 말한다. 이러한 문화가 바로 일본 장인문화의 기반이 되어, 기초과학분야에서 노벨상 수상자를 대거 배출하는 쾌거를 일본이 올리는 원천이라고 말한다.

일본에는 우리 한국에는 도저히 없는 것이 있다. 바로 위에서 말한 '센몬빠가' 이다. 한국말로 굳이 풀어서 사용하면, '전문바보' 라는 뜻이다. 한국에는 바보들은 많지만, 이처럼 한 분야에서 자기의 인생길을 끝까지 고수하는 전문적인 바로, 즉 '전문바보' 들은 찾아보기 너무 힘들다. 오히려 한국에는 눈치 빠르고, 머리 회전이 좋아서, 조금이라도 돈이 되고, 조금이라도 전망이 밝은 분야가 있다면, 그곳에 벌떼처럼 너나 할 것 없이 몰려든다.

바보가 아니라, 너무 똑똑해서 스스로 자신의 꾀에 자신이 빠져 드는 꼴이다. 결국 그렇게 정신없이 살다가, 삶을 뒤돌아보면, 아무것도 남아 있지 않고, 오직 남과의 경쟁에서 승리한 것 말고는 그 어떤 것도 인생에서 내 놓을 것이 없는 그런 빈껍데기 승리자가 되어 있는 불쌍한 자신을 만나게 되는 것이다.

축구 선수가 축구를 좀 잘 해서, 유명해지고, 인기가 생기면, 바로 연예인처럼 TV에 뻔질나게 출연하게 된다. 그런 선수는 분명히 몇 년 후면 축구 선수로도 부족하고, 연예인으로서도 부족하게 되어, 죽도 밥도 안 되는 경우가 십중팔구이다. 그래서 우리는 어떤 조그만 성공을 했다해도, 자신의 강점에 집중하여, 자신만의 인생길을 가야 할 필요가 반드시 있는 것이다.

이러한 점을 명심해야 한다. 자신이 축구 선수인지, 연예인인지 분명히 하고, 다른 욕심이나 유혹을 과감하게 뿌리치고, 스스로 절제할 줄 알아야 한다. 바보처럼 딴 길을 넘보지 말고, 자신의 길만을 알고, 자신의 길만을 가야 한다. 그렇게 할 때, 자신의 강점은 100% 발휘

될 수 있는 것이다.

자신만의 인생길을 끝까지 끈기를 가지고, 고수하는 사람은 결국에는 성공을 할 수 밖에 없다. 자기 강점이 최대한 발휘되는 여건이 되기 때문이다. 그렇게 하기 위해서는 바보처럼 자신의 길만 아는 사람이 되어야 한다.

6. 자신만이 놀이처럼 즐길 수 있는 일을 하라.

감성 지능(EQ)의 창시자이자, 세계적인 심리학자인 다니엘 골먼Daniel Goleman은 '의욕을 불러일으키는 일에 완전히 빠져든 상태에서는 정신의 기능이 정점에 달하고, 시간 개념이 흐려지며, 그 순간 최고의 행복을 느낀다.' 라고 말한바 있다. 다시 말해 그는 자신이 최고로 행복해지고, 즐거워지는 그 순간은 바로 자신에게 의욕을 불러일으키는 일에 자신이 완전히 빠져 든 상태라고 말한다.

그가 말하는 의욕을 불러일으키는 일은 바로 자신의 강점을 최대한 발휘할 수 있는 일이며, 그것에 자신이 완전히 빠져 든 상태는 자신이 그러한 강점에 최고로 잘 집중을 할 때라는 사실이다.

즉 자신의 강점에 최고로 잘 집중할 때, 우리는 그것을 일이 아닌 놀이로 승화시켜, 오롯이 즐기고 또 즐길 수 있게 되는 경지에 올라가는 것이다. 이러한 순간이 인간에게는 가장 창의적인 순간이며, 행복한 순간이라고 말할 수 있다. 그리고 그러한 순간이 바로 미하이 칙센트미하이가 말하는 몰입의 순간이기도 하다.

그가 말하는 몰입의 상태는 바로 물 흐르듯 자연스럽게 빠져드는 상태를 말하기 때문에, 다른 말로 플로우(flow) 상태라고도 말한다. 이런 상태가 되면, 일이 더 이상 일이 아니라, 놀이처럼 즐길 수 있는 놀이가 되고, 자신은 미치도록 행복한 상태가 된다.

그렇다면 그가 말하는 몰입의 조건은 무엇일까? 어떻게 해야 쉽게 몰입을 할 수 있는 것일까? 가장 중요한 몰입의 조건은 바로 자신의 능력에 맞는 수준의 과제에 도전하는 것이라고 한다.

자신의 능력과 도전 과제의 수준이 비슷할 때, 그것이 가능하다고 한다. 왜냐하면 너무 쉬운 과제는 쉽게 흥미를 잃게 만들어, 몰입하지 못 하게 되기 때문이며, 이와 반대로 너무 어려운 과제는 너무 힘이 많이 들어갈 정도로 자신의 수준 이상이기 때문에, 자신의 능력으로는 해 내기 어려워서 포기하게 된다.

그래서 포기하거나, 포기 하지 않더라도 너무 어려우면, 오롯이 몰입의 상태로 빠져 들 수 없다는 것이다. 자신의 능력으로 해 낼 수 있으면서도, 너무 쉽지도 않고, 어렵지도 않은 과제를 할 때, 몰입의 상태로 우리는 쉽게 빠져 들 수 있다고 한다.

하지만 그가 주장하는 이러한 몰입의 조건은 중요한 한 가지 사실을 고려하지 않았던 것 같다. 바로 자신의 강점이 잘 발휘 될 수 있는 분야의 것을 하는 사람은 그렇지 못 한 사람들보다 훨씬 더 자주, 더 쉽게 몰입할 수 있다는 사실이다.

그래서 자신의 적성에 맞고, 자신의 강점과 잘 맞아떨어지는 분야의 일을 직업으로 선택한 사람들은 날마다 행복 할 수밖에 없다. 그것은 자신의 강점이 잘 발휘되는 일을 하면, 어쩔 수 없이 즐겁고 행복하기 때문이다.

누구보다 쉽게 몰입할 수 있기 때문이다. 자기 강점에 집중하는 방법 중에 하나는 자신의 일을 놀이처럼 즐기고 또 즐기는 방법이라는 것이다. 이러한 방법은 또한 자신의 강점이 잘 발휘될 수 있는 자신이 좋아하는 일을 선택하여, 그것을 하기 때문에, 가능한 방법이기도 하다. 이런 이유로, 자기 강점에 집중하는 비결은 자신의 일을 놀이처럼 즐기는 것이라고 할 수 있다.

남들은 하기 힘들어 쩔쩔 매는 데, 자신에게는 이상하게도 그것이 매우 재미있고, 즐거운 것이라면 그것은 십중팔구 자신의 강점분야이다. 그러한 분야에 자신만큼 몰입을 잘 할 수 있는 사람도 없을 것이다. 그런 점에서 자신만이 놀이처럼 즐길 수 있는 분야를 하게 되면, 자신이 최고가 될 수 있다. 진정한 고수는 좋아하는 것을 뛰어 넘고, 아는 것을 뛰어 넘어, 즐기는 것이기 때문이다.

7. 욕심내고, 집착하는 순간 평범해 진다.

베스트셀러가 되는 책들을 보면, 자기계발서가 압도적으로 많아졌다. 그 이유는 무엇일까? 바로 현대인들은 모두 성공하기를 좋아하고, 부자가 되기를 좋아하기 때문이다.

과거 조선시대에만 해도 청빈낙도(淸貧樂道)를 지향하며, 스스로 재물을 멀리하고, 깨끗한 가난을 선택하며, 그것을 추구하는 선비들이 있었다.

지금 생각하면 대단히 놀라운 패러다임이다. 하지만 현대 사회에 오면서, 가난을 스스로 선택하는 사람은 거의 없다. 모든 사람들은 부자가 되고, 성공하기를 원하게 되었다. 공부하는 것도 부자가 되기 위해, 출세하기 위해 하는 사람들이 대 부분이다. 과거 조선시대에는 그렇지 않은 사람들이 적지 않았다. 그야말로 안빈낙도(安貧樂道)의 자세로 살아갔던 수많은 선비들이 있었던 것이다.

현대인들의 새로운 패러다임 한 구석에는 '부자 되세요' 라는 인사말이 생겨날 정도로, 부자를 선호하는 마음이 만들어 졌다. 돈만 있으면 뭐든지 할 수 있다고 생각하기 때문이다. 실제로 돈만 많이 있으면, 못 하는 것보다 훨씬 더 많은 것을 할 수 있다.

인간답게 살기 위해서는 어느 정도 경제적 자유가 보장이 되어야 한다. 이것이 어쩔 수 없는 자본주의의 원리이다. 하지만 그렇다고 해서 성공에 집착하며, 성공에 목을 매라는 것은 절대 아니라는 사실이다. 오히려 성공에 집착하지 않을 때, 더 큰 성공의 길이 눈에 보일 수 있다는 사실을 우리는 알아야 한다.

물론 경제적 독립은 행복한 삶을 살기 위해 매우 중요한 요소이기는 하다. 가족과 함께 추억이 되는 여행을 갈려고 해도, 경제적 여유가 없으면 갈 수 없다. 하루 벌어 하루 살 정도로 빡빡한 삶이라면, 이러한 삶의 여유와 경제적 여유를 누릴 수 없기 때문에, 가족들이 모두 여행을 갈 수 있는 그런 행복을 누릴 수 없다.

하지만 여행을 못 갔다고 불행하다고 할 수 없지만, 여행을 통해 좀 더 넓은 행복을 누릴 수 있음을 우리는 인정해야 한다. 그래서 경제적 독립이 가능한 사람이 그렇지 못 한 사람보다 좀 더 다양한 선택의 폭이 넓은 삶을 살아 갈 수 있다고 할 수 있다. 그래서 가난한 사람들은 선택의 폭이 너무나 제한되어 있기 때문에, 현대 사회에서는 부자들보다 더 행복하다고 하기에는 뭔가 부족하다.

이 시대의 사람들은 모두 돈이 없는 것보다는, 있는 것을 더욱 더 선호한다. 그리고 돈이 있을 때, 우리는 좀 더 나은 삶을 살 수 있다는 것이 사실이다. 하지만 이것이 전부는 아니다. 돈이 아무리 많아도, 그리고 아무리 큰 성공을 했다해도, 마음에 여유가 없는 사람이라면, 행복할 수 없기 때문이다.

다시 말해, 돈이 좀 부족하고, 성공을 하지 못 했을 때, 나름대로 행복하게 살았던 사람들은 돈이 더 많아지고, 더 큰 성공을 했을 때는 더 행복하게 살 수 있는 사람들이다. 하지만 돈이 없을 때, 성공을 하지 못 했을 때, 나름대로 행복하게 살지 못 했던 사람들은 아이러니하게도 돈이 많이 생겨도, 그리고 큰 성공을 해도, 더 이상으로 행복해 지지 못 한다는 사실이다.

과연 이것이 진실일까?

행복과 성공적인 삶은 돈이나 조건에 크게 영향을 받지 않을 수 있다는 사실을 우리는 이해해야 한다. 그렇다면, 돈이 좀 없어서, 좀 더 윤택한 삶을 살지는 못 하지만, 좋아하는 일을 마음껏 할 수 있는 사람이라면, 이 사람은 행복한 사람이며, 이런 사람이 그 일을 통해 큰돈을 벌고, 큰 성공을 하게 되면, 더욱 더 행복한 사람이 되는 것은 자명한 것이다.

또한 돈이 없어도, 평상시에 마음에 여유가 있고, 그

것마저 감사하며, 살아가는 사람이 있다면, 이 사람은 행복하다고 할 수 있다. 이런 사람들에게 돈이 좀 더 많아지고, 좀 더 큰 성공이 주어지게 되면, 이 사람들은 좀 더 큰마음의 여유와 경제적 여유까지 누리게 될 것이 뻔하다. 그 결과 이 사람들은 더욱 더 행복한 사람이 되는 것이다.

하지만 자신이 좋아하는 일을 하지 않고 있고, 돈이 많아져야만 행복할 수 있다고 생각하며, 하루하루를 힘겹게 살아가는 사람이 있다면, 이 사람은 지금 현재 행복하다고 할 수 없고, 이런 사람들이 죽도록 고생해서 돈을 좀 벌게 되면, 이런 사람들은 그 돈보다 더 많은 돈을 벌기 위해, 또 더 많은 하기 싫은 일을 하면서, 시간을 보내게 될 것이다. 그래서 마음의 여유는 여전히 없는 것이다.

마음의 여유가 없고, 하는 일이 자신이 좋아하는 일이 아니기 때문에, 이런 사람들은 돈이 많아져도, 성공을 해도, 그 전보다 더 윤택해진 삶을 살게 된 것 말고는, 행복해 졌다고 말 할 수 없는 것이다. 이런 사람들이 더 행복해 지지 못 하는 이유 중에 하나는 인간의 마음속에 숨어 있는 탐욕 때문이다.

탐욕에 쉽게 굴복하는 사람들은 성공에 집착하는 사람들이다. 그래서 성공을 한다 해도, 더 큰 또 다른 성공에 쉽게 굴복되기 때문에, 또 다른 성공을 위해 또 내달리게 되는 사람들이다. 그래서 이런 사람들은 지금 이 순간의 행복을 발견하지 못 하고, 누리지 못 하게 되는 것이다. 그래서 성공에 집착하게 되는 사람은 자신의 길을 가면서, 자신의 강점을 발휘하는 것이 매우 어려운 일이 된다. 눈앞에 자꾸 큰 유혹이 생겨서, 자신을 잃어버리게 되기 때문이다.

위대해지기 위해서는 욕심을 버려야 하고, 집착을 버려야 한다. 욕심을 내면 조바심이 생기고 조급해지기 쉽다. 조급해지면 독특함과 멀어질 수밖에 없다.

8. 집착과 집중은 다른 것이다.

자기 강점을 제대로 발휘하기 위해서 우리는 외형적인 성공에 절대 집착해서는 안 된다. 탐욕을 버리고, 오직 자신의 강점과 자신의 길만을 마음에 담아야 한다. 그 외의 것은 다 내 버려야 한다. 그 때 자신의 강점이 제대로 발휘 될 수 있다.

현대인들은 모두 성공을 갈망하고 있고, 부자가 되기를 소망한다. 하지만 이러한 소망이나 갈망이 집착이 되어 버리면, 그 후유증은 생각보다 심각하게 된다. 특히 과거보다 현대를 사는 사람들은 이 시대가 물질만능주의로 치닫고 있기 때문에, 그 만큼 성공에 집착하는 사람들이 많아졌다. 하지만 성공에 집착하면 할수록, 성공은 멀리 달아난다는 사실을 우리는 알아야 한다.

성공에 집착해서는 안 되는 이유는 성공에 집착하게 되면, 성공을 하기 위해, 그리고 빨리 하기 위해 자신의 강점을 발휘할 수 있는 자신만의 길을 고수하지 않고, 쉽게, 빨리 돈을 벌 수 있는 직업이나 직장을 선택하게 되기 때문에, 성공의 노예가 되어 버리기 때문이다.

이런 식으로 성공을 한다해도, 남는 것은 아무 것도 없다는 사실을 우리는 알아야 한다. 성공만을 하기 위해, 성공을 쫓아가는 사람은 아이러니하게도 성공을 할 수 없을 뿐만 아니라, 참 된 의미의 성공을 영원히 하지 못하게 된다. 그것은 성공의 참 된 의미는 자신이 진정 잘 할 수 있는 일을 발견하고, 자신의 존재 가치가 극대화 될 수 있도록 자신의 강점을 최대한 발휘하여, 사회에 공헌하고, 존재 목적과 가치를 발견하는 것이라고 말 할 수 있기 때문이다.

그렇기 때문에 성공에 집착하여, 성공을 쫓아가게 되면, 자신의 강점보다는 성공에 집중하게 되어, 결국 자신의 강점을 희생시키고, 성공을 선택하게 되다. 그렇게 성취된 성공에는 자신이 존재하지 않고, 오직 업적과 성취만 존재할 지도 모른다. 그 때 우리는 우리의 존재 목적과 가치를 상실하게 되고, 자신만이 잘 할 수 있는 강점을 세상적인 잣대의 성공과 맞바꾸어 버린 셈이 된다.

그것은 참 된 성공이라고 할 수 없다. 그래서 아무리 성공을 해도, 텅 빈 레인코트처럼 허전함으로 가득 찬 인생이 된다. 이러한 사실을 세계적인 경제사상가이자 사회철학자인 찰스 핸디는 자신의 저서인 [텅 빈 레인코트]에서 잘 말해 주고 있다.

" 왜 우리는 성공할수록 허전해지는가?" 라는 물음을 통해, 그는 현대 자본주의의 모순과 부조리에 대해 정면으로 반박하고 있다. 결국 우리가 아무리 성공을 해도, 그곳은 우리가 바라던 곳이 아니라는 사실을 말 해 주고 있다.

이러한 현대 자본주의의 부조리와 모순의 피해자가 되지 않는 길은 현대 자본주의의 우상인 성공과 부자가 되는 것에 대한 집착을 버리고, 자신만의 강점을 잘 발휘할 수 있는 자신만의 인생길을 가는 것이다.

" 성공! 성공에 절대 집착하지 말고, 자신의 강점에 집중하여, 그것에서 눈을 떼지 말라."

성공에 대한 집착과 자신의 일에 대한 집중은 엄연히 다른 것이다.

전자는 자신을 놓치게 된다. 하지만 후자는 자신을 더욱 더 발견하게 된다. 그 차이가 성공과 실패를 가늠하는 큰 차이로 우리의 인생에 작용한다는 사실을 명심하라.

9. 실패가 나쁜 것만은 아니다.

자기 강점을 끝까지 발휘하기 위해서는 실패와 약점을 잘 다루어야 한다. 즉 어떤 실패와 약점에도 절대 고개를 숙여서는 안 된다.

실패와 약점은 우리로 하여금 더 강점에 집중하고, 그 강점을 발휘해 내야 한다는 것을 의미할 뿐, 절대로 우리로 하여금 실패와 약점에 집중하여, 그것에 대한 변명을 찾아내야 한다는 것을 의미하지 않는 다. 그리고 그것은 우리로 하여금 패배자라는 것을 의미하지도 않는다.

우리는 끝까지 강점을 발휘하기 위해서, 우리가 정말로 무엇인가를 해 낼 수 있는 이유를 알아내야 한다. 그렇게 하기 위해서는 절대 해서는 안 되는 것은 바로 실패와 약점에 대해 왜 그 일에 대해 실패를 했는지에 대해 타인에게 설명하기 위한 변명을 찾는 일이다. 왜 자신이 실패했는지에 대한 변명거리를 찾아다니는 순간, 우리는 우리의 강점에서 눈을 떼기 때문이다.

그래서 자신의 강점보다는 약점에 집중하게 되기 때문이다. 이러한 사실에 대해 잘 말해 주는 책 중에 하나가 할 어반의 [인생의 목적(원제: Life’ s Greatest Lessons 20)]이란 책이다. 이 책의 한 부분을 살펴보자.

“ 내 강의를 듣던 몇 년 동안 몇몇 학생들이 병에 걸리는 일이 일어났다. 이렇게 병이 들면서 그들은 사는 데

회의를 갖게 되었고, 이는 생활하는 데 여러모로 방해가 되었다. 게다가 전염이 되어서 금방 학교 전체로 퍼져버리고 말았다. 그럼에도 불구하고 학생들은 자신이 그런 병에 걸렸다는 사실을 알지 못했다. 실제로 그 병은 이름조차 없었다. 그래서 내가 이름을 지어주기로 했다. 나는 수업시간에 요즘 우리들에게 'EFWIC' 라는 전염병이 돌고 있다고 말했다. 처음에 학생들은 나를 황당하다는 듯한 표정으로 바라보았다.

나는 그들에게 EFWIC이란 " 왜 내가 할 수 없었던가에 대한 변명(Excuses For Why I Can' t) " 이라는 말의 약자라고 설명해주었다. 그러고 나서 6피트나 되는 종이를 쭉 펴서 문 옆에 붙여 놓은 후, 학생들에게 "혹시 여러분이 오늘 뭔가 변명을 했거나, 다른 사람들이 변명하는 것을 들었으면 꼭 메모를 해두었다가 내일 여기 와서 이 종이 위에 적어보세요. 이 종이 판을 최고의 변명을 적은 목록이라고 불러봅시다." 라고 말했다. 그 큰 종이는 다음날 아침 일찌감치 채워져서 2피트 길이의 종이를 그 옆에 이어 붙여야만 했다. 그리고 주말 무렵에는 벽 전체가 사람들의 온갖 변명으로 가득 채워

졌다. 나는 학생들에게 내가 왜 변명하는 습관을 병으로 간주하였는지 그 이유를 설명해 보라고 했다. 그러자 늘 조용히 있던 한 학생이 그 학기 들어와서 처음으로 손을 들고 다음과 같이 대답했다.

" 우리가 늘 왜 그 일을 할 수 없었는지에 대한 변명을 찾다 보면, 우리가 정말 할 수 있는 이유를 결코 알아낼 수 없기 때문입니다."

그 대답을 듣자마자 나는 두 팔을 들고 환호성을 질렀다. " 오, 할렐루야! 지금까지 내가 들어본 답 중에서 최고의 답이다." "

< 할 어반의 [인생의 목적] 분문 중에서 195쪽 >

우리가 실패와 실수, 약점에 대해서 그것에 대한 변명을 찾는 다는 것은 바로 실패와 약점에 고개를 숙이는 것과 같다. 그래서 실패와 약점을 다시 찾아 가고, 또 다시 찾아 가서, 자꾸 되새기게 된다. 이러한 행위가 부정적인 영향을 주고, 자신에게 해로운 이유는 얼마든지 앞

으로 더 잘 할 수 있는 방법과 이유에 대해서 생각할 시간과 기회를 자신에게 주지 않고, 그러한 소중한 기회와 시간을 스스로 빼앗아 가 버리는 결과를 만들기 때문이다. 그 결과 앞으로도 더욱 더 실패와 약점에만 연연하게 된다.

그 결과 실패와 약점이 더욱 더 크게 부각되고, 그래서 자신의 강점이나 능력은 완전히 사장 되어 버리게 된다. 그래서 실패하는 사람들은 결국 과거의 실패가 연장선상에서 되풀이 되는 것에 불과한 것이다. 그 결과, 실패는 또 다른 실패를 부르는 결과를 낳는 것이다. 실패를 좋은 교훈으로, 좋은 스승으로 삼기 위해서는, 무엇보다 실패한 자신을 잊고, 성공할 자신을 찾아야 한다. 그렇게 하기 위해 필요한 것은 실패와 약점에 고개 숙이지 않고, 되돌아보지 않는 것이다.

이것은 담대함의 본질이고, 비범함의 원초적인 특성이다. 평범한 사람일수록, 실패와 약점에 메이게 된다. 하지만 담대하고, 비범한 사람일수록 자신의 실패와 약점에 전혀 메이지 않고 꿋꿋하게 앞으로 나갈 수 있는 것이다. 이러한 행동을 통해, 비범한 사람들은 자신의 강점을 유감없이 발휘해 내어 결국엔 최고의 것을 성취해 내고 마는 것이다.

그러므로 절대 실패와 약점 앞에 고개를 숙이지 말라. 그리고 우리는 전진해야 한다. 비록 실패를 했다해도, 다시 도전하고 전진해야 한다. 실패와 약점의 가장 큰 병폐는 우리로 하여금 그 어떠한 것도 다시 시도할 수 없도록 우리를 무기력하게 만든다는 것이다. 하지만 우리가 명심해야 할 것은 '시도하지 않으면, 아무것도 우리는 할 수 없다는 사실이다.

지금 실패 했다고, 그것이 내일도 실패할 것이라는 사실을 반영하는 것은 절대 아니다. 그리고 이번에 실패했기 때문에, 다음번에는 꼭 성공할 수 있을 것이라는 사실도 의미하는 것은 아니다. 그저 이번에 실패는 이번에 실패라는 사실을 말하는 것뿐이다.

그 이상도 그 이하도 절대 아니다. 하지만 이번 실패로 인해서, 다시 도전하지 않는 다면, 아무것도 할 수 없다는 것은 분명하다는 사실만은 알아야 한다. 실패와 약점 앞에 고개 숙이지 않는 것은, 실패 했음에도, 약점이 있음에도, 과감하게 도전하고, 시도할 수 있는 사람이 되는 것이다. 그리고 그러한 도전과 시도 끝에 큰 성공도 기다리고 있음을 우리는 알아야 한다.

episode _ 독특함의 대가를 직접 만나라. VII

독특함의 대가 VII - 스티브 잡스

"사람들은 자신이 무엇을 원하는지 보여 주기 전까지는 알지 못한다."

스티브 잡스는 전형적인 성공 코스를 철저히 거부한 인물이다. 그는 한 번도 '좋은 직장인'이었던 적이 없었고, 조직에 잘 적응하는 인물도 아니었다.

대학을 중퇴했고, 명상과 동양 사상에 빠졌으며, 기술보다 감성을, 기능보다 경험을 집요하게 붙잡았다.

그의 독특함은 분명했다.

그는 기계가 아니라 인간을 바라보는 기술자였다. 하지만 아이러니하게도, 그는 자신이 만든 회사 애플에서조차 쫓겨난다.

이 사건은 그의 인생에서 가장 큰 실패처럼 보였지만, 결과적으로는 독특함을 더욱 순도 높게 만드는 계기가 되었다. 애플을 떠난 이후, 그는 넥스트(NeXT)와 픽사(Pixar)를 통해
자신만의 미학과 철학을 더 깊이 연마했다.

그리고 다시 애플로 돌아왔을 때, 그는 더 이상 '경영자'가 아니었다. 그는 시대를 설계하는 철학자가 되어 있었다.

아이맥, 아이팟, 아이폰.

이 모든 것은 기술의 승리가 아니라 독특함의 승리였다. 스티브 잡스는 증명했다.

세상을 바꾸는 것은 평균 이상의 능력이 아니라, 끝까지 포기하지 않은 자기만의 관점이라는 사실을.

제4장. 독특함에 인생을 걸어라.

1. 너 자신을 믿어라. _ 확고한 신념이 독특함을 가지게 해 준다.

자기 강점에 집중함으로써 위대해지는 데 가장 큰 장애물은 바로 자신이다. 그리고 자기 자신이 가장 큰 걸림돌이 될 수 있도록 가장 크게 기여하는 것은 자기 자신을 믿지 못 하는 것이다. 바로 자신에 대한 불신이라고 할 수 있다.

이 세상에는 재능이 있다는 것을 알고는 있지만, 자신을 믿지 못 해서, 결국 성공하지 못 하는 사람들이 너무나 많다. 자신을 믿지 못 하는 사람은 아무리 큰 재능이 있다고 해도 위대해질 수 없기 때문이다.

아무리 자신이 가진 재능이 크다고 해도, 그것에 오롯이 집중할 수 없다면, 그 재능은 꽃을 피울 수 없고, 열매를 맺을 수 없는 것은 자명한 사실이다. 자신이 가진 재능에 오롯이 집중할 수 있게 해 주는 힘은 바로 스스로에 대한 믿음이다.

스스로에 대한 믿음은 사실 자신이 가진 강점과 재능 그 이상의 것이라고 말 할 수 있다. 아무리 많은 연료와 자동차를 가지고 있다고 해도, 그것을 제대로 활용하는 법, 즉 운전할 수 없다면, 무용지물이듯, 우리가 아무리 큰 재능과 강점을 가지고 있다고 해고, 그것에 집중할 수 없다면, 그 재능은 열매를 맺지 못 하게 된다. 자신의 재능에 집중하고 싶다면, 자신이 할 수 있다는 사실을 믿어야 한다.

자기 자신을 확실하게 믿을 때, 우리는 전진해 나갈 수 있다. 그리고 믿을 때 우리는 실천에 옮길 수 있는 것이다. 그리고 무엇보다 자신의 재능을 믿을 때 우리는 강점에 집중할 수 있다. 강점에 집중할 때, 우리는 우리에게 놓여 있는 장애물이 매우 작게 보이게 된다. 그래서 우리는 어떠한 위기와 시련도 극복해 낼 수 있다.

" 지금의 나를 성공으로 인도한 것은 나 자신에 대한 믿음이었다."

라고 영국의 버진그룹의 창업주인 리처드 브랜슨은 말한바 있다. 그의 말은 정확히 맞는 말이다. 왜냐하면 자기 가신에 대한 믿음 없이 자신의 강점에 오롯이 집중할 수 있는 사람은 이 땅에 한 명도 없으며, 그렇기 때문에, 자기 자신을 믿지 않고서 성공할 수 있었던 사람도 역시 한 명도 없기 때문이다.

로또가 당첨되어, 부자가 된 사람은 그저 벼락부자일 뿐, 그들을 성공한 사람이라고 우리는 인정하지 않는 다. 왜냐하면 그들에게는 강점이 없으며, 자신에 대한 강한 믿음도 없기 때문에, 아무리 많은 당첨금도 그들을 성공으로 이끌지 못 할 것이 뻔 하기 때문이다. 그래서 로또 당첨자들 은 대 부분이 불행한 삶을 살게 된다는 조사 결과가 있는 것이다.

다른 사람이 만들어 준 자리에 앉아 있는 사람도 로또 당첨자와 다를 바 없다. 그 자리가 그 사람을 돋보이게 하고, 성공하게 도와 줄 수는 있지만, 성공을 가져다주지 못 하며, 심한 경우에는 그 자리로 인해 안주하다가, 그 사람은 더 이상 발전도 성공도 할 수 없게 된다. 우리를 진정 성공으로 이끄는 것은 강점에 집중하는 것이며, 그렇게 강점에 집중할 수 있도록 우리의 몸과 마음을 이끄는 것은 바로 우리 자신에 대한 확고한 믿음인 것이다.

2. 확고한 신념은 자기 자신을 뛰어 넘을 수 있게 해준다.

다윗과 골리앗의 유명한 성서의 사건도 역시 믿음이 있어야, 자신의 강점에 오롯이 집중할 수 있음을 잘 말해주는 사건이다. 물론 전투를 한 번도 해 보지 못 한 미숙한 어린 소년 목동이 전투로 잔뼈가 굵은 거인 골리앗 장군을 이길 수 있었던 것은 신앙의 힘 즉 전능하신 하나님의 역사하심이라고 말 할 수 있다.

하지만 그러한 신앙적인 관점을 완전히 배제해 버린다고 해도, 다윗이 골리앗을 이긴 과정을 살펴보면, 다윗이 자신의 강점에 오롯이 집중하였기 때문에, 기적과 같은 승리가 가능했음을 알 수 있다.

골리앗은 2m70cm 정도의 거대한 키에 놋쇠로 만든 투구를 썼고, 57kg이나 되는 무거운 갑옷을 입었고, 다리에도 놋쇠로 만든 보호 장비를 달았다. 그야말로 완전 무장한 상태이다. 이러한 거인 골리앗의 위풍당당한 기세를 멀리서 지켜보던 이스라엘 군사들은 도저히 그와 맞설 용기가 나지 않았다.

골리앗의 위세가 얼마나 대단했으면, 그를 본 이스라엘 군사 중에 몇 명은 도망을 가는 상황까지 되었다. 보다 못한 사울 왕은 골리앗을 무찌르는 사람에게 많은 재물과 자신의 딸까지 주겠다고 격려 했던 것이다.

하지만 아무도 선뜻 나서지 못 하고, 거인 골리앗의

조롱 섞인 소리를 계속 듣고만 있었다. 이 때 어린 목동 다윗이 아버지의 심부름으로 형을 만나기 위해 그 곳에 오게 되었다.

그의 아버지 이새는 전쟁터에 나간 세 아들의 안부가 궁금하고, 걱정이 되어서, 다윗에게 형들의 안부를 알아오면서, 형들이 먹을 것을 배달하도록 시켰던 것이다. 하지만 전쟁터에 도착한 다윗은 적장 골리앗이 하나님의 군대를 모욕하는 말을 듣고, 가만히 있을 수가 없었던 것이다. 결국 다윗은 사울 왕에게 가서 자신이 저 골리앗과 싸우겠다고 말했다.

" 폐하! 제가 저 거인 골리앗과 싸우겠습니다."

" 뭐라! 너처럼 어린 소년이 어떻게 저 무지막지한 거인과 싸운단 말이냐? 너는 너무 어리고, 작은 소년에 불과하지만, 저 상대는 거인이고, 힘이 세고, 오래 동안 전투 경험이 있는 장군이 아니냐? "

" 폐하! 걱정하지 마십시오. 제가 어린 소년에 불과하지만, 저는 제가 무엇을 잘 할 수 있는 지, 그리고 저의 강점은 무엇인지 잘 알고 있습니다. 저는 양을 지키기 위해, 저보다 덩치가 큰 사자와 곰과 싸워 이겨낸 경험이 많습니다. 그 때 역시 여호와하나님께서 저를 구해 내시고, 저를 건져내셨습니다. "

다윗의 자신감 있는 대답에도 불구하고, 사울 왕은 도저히 내키지 않았다. 적장 골리앗은 어려서부터 장수였던 자였지만, 다윗은 너무나 아름다운 미소년이고, 목동에 불과했기 때문이다. 하지만 다윗의 꺾이지 않는 요청에, 사울 왕도 두 손을 들고 말았다. 하지만 사울 왕은 다윗이 너무 안 돼 보여서, 자신의 투구와 갑옷과 칼을 내주었다.

다윗은 그것을 입고, 전투에 나가기 위해, 시험 삼아 몸을 움직여 보았다. 하지만 오히려 자신에게 맞지 않는 투구와 갑옷과 칼은 오히려 방해가 될 뿐이었다. 다윗은 다른 사람의 방법, 다른 사람의 갑옷과 투구에 의존하지 않기로 결심하고, 자신의 강점인 목동들의 무기였던 물매를 사용하기로 결심하였다.

다윗은 골리앗처럼 그렇게 칼을 잘 사용하지 못 하지

만, 골리앗이 도저히 하지 못 하는 것 즉 물매 기술이 매우 뛰어난 소년이었다. 다윗은 바로 남들이 사용하던 칼과 창이 아닌, 자신의 강점인 물매에 집중을 하고, 그것에 초점을 맞추어, 싸움을 준비 했던 것이다.

그래서 돌 다섯 개를 준비하여, 그것만을 가지고 골리앗과 사우기 위해, 전진해 나갔던 것이다. 칼과 창과 갑옷은 오히려 자신의 강점인 물매를 사용하기에 장애물에 불과한 것이라는 점을 소년 목동 다윗은 누구보다 잘 알고 있었기 때문에, 그것들을 가지고 나가지 않았던 것이다.

어떻게 보면 전투에 임하는 군사가 칼과 창과 갑옷을 가지고 있지 않고, 전투에 임하는 것은 자살 행위나 다를 바 없지만, 다윗은 남들과 다른 방법, 즉 자신의 강점에 완전하게 집중하기 위해, 돌 다섯 개와 물매만을 가지고 나갔던 것이다. 심지어 칼도 가지고 나가지 않았다. 이러한 다윗을 보고, 골리앗은 매우 화가 났다.

왜냐하면, 보통 골리앗은 자기와 싸우러 나오는 사람

은 갑옷과 투구로 완전 무장을 한 채, 칼과 단창을 가지고 나오는 데, 다윗은 그렇지가 않았던 것이다. 갑옷과 투구는 고사하고, 칼과 단창도 없었던 것이다. 단지 목동으로 생활 할 때 양을 인도하던, 막대기를 여전히 들고 나갔던 것이다.

" 어린 꼬마 녀석이 겁도 없이, 나와 싸우겠다고? 나를 개로 여기고, 막대기를 가지고 내게 나아왔느냐? 내가 너를 공중의 새와 들짐승의 밥이 되게 해 주마!"

" 너는 칼과 창과 단창으로 내게 덤비지만, 나는 만군의 여호와의 이름 곧 네가 모욕하는 이스라엘 군대의 하나님의 이름으로 너와 싸워, 내가 너의 목을 베고, 블레셋 군대의 시체로 공중의 새와 들짐승들이 먹게 하리라! 전쟁은 하나님께 속한 것임을 내가 너로 알게 하리라."

다윗과 골리앗은 드디어 싸우기 위해 결전의 순간으로 치닫고 있었다. 그 때 다윗은 주머니에서 돌을 꺼내 물매를 돌려, 골리앗의 이마에 정확하게 명중시켰다. 골리앗은 온 몸을 놋쇠 투구로 완전 무장을 하고, 투구로 머리와 얼굴을 다 보호했지만, 이마를 보호 하지 않았던 것이다. 하지만 다윗이 유일하게 골리앗보다 잘 할 수 있는 것은 정확하게 물매로 목표물을 맞히는 것이었다.

즉 다윗에게는 골리앗처럼 큰 체구의 거인이 맞히기 쉬운 최고의 표적이 아닐 수 없었다. 목동 생활을 통해, 사자와 곰에게 했던 그 방식 그대로, 다윗은 골리앗에게도 할 수가 있었던 것이다. 그 결과 이마에 정확하게 명중된 골리앗은 '쿵!' 하며 땅에 쓰러지고 말았다. 그 때를 놓치지 않고, 다윗은 골리앗에게 달려가서 골리앗이 차고 있던 칼을 꺼내, 그의 목을 베었다. 바로 이 순간이 어린 소년 목동이 상대국의 적장 거인 골리앗을 기적처럼 이긴 순간이었다.

다윗이 이처럼 골리앗을 이길 수 있었던 요인은 바로 남들처럼 칼과 창을 사용하지 않고, 자신의 강점인 물매에 집중하고, 그것을 활용했기 때문이라고 할 수 있다. 무엇보다 가장 중요한 사실은 자신의 강점을 활용할 때, 반드시 이길 수 있다는 확신과 믿음이 다윗으로 하여금 용감하게 싸움에 임할 수 있게 해 주었던 것이다.

자기 자신을 믿는 것이 위대해지는 비결이다.

" 꿈을 실현시키는 비결을 알고 있는 사람은 넘을 수 없는 장벽이 있다고는 결코 생각하지 않는 다. 그 비밀은 네 단어(영어 알파벳 C 로 시작하는 단어들)로 요약할 수 있다.

CURIOSITY - 호기심,
CONFIDENCE - 자신감,
COURAGE - 용기,
CONSTANCY - 불변성

이라고 할 수 있다. 그 중에서도 가장 중요한 것은 바로 자신감인 CONFIDENCE 이다.

즉 자기 자신을 믿는 것이다. 일단 '이것이다.' 라고 생각되면 추호도 의심하지 말고, 무조건 그것에 빠져들어야 한다. "

<월트 디즈니의 [꿈을 이루어주는 월트 디

즈니 메시지] 중에서 16쪽 >

꿈을 포기한 현대인들에게 보내는 희망 메시지인 [꿈을 이루어주는 월트 디즈니 메시지]란 책에서 월트 디즈니가 우리에게 던지는 메시지 중에 하나이다. 무엇보다 자신을 의심하게 되면, 아무것도 할 수 없으며, 꿈도 이룰 수 없다는 사실을 우리는 알고 있어야 한다. 하지만 자신을 의심하지 않고, 자기 자신을 믿으면, 꿈을 실현시킬 수 있다는 사실도 우리는 알아야 한다. 그의 말처럼 꿈을 실현시키든, 성공을 목표로 하든, 가장 중요한 것은 자기 자신을 믿는 믿음, 즉 자신감이다.

무엇보다 자신의 강점에 집중하기 위한 힘, 그리고 어떠한 시련과 역경 속에서도 자신의 강점에 끝까지 집중할 수 있는 힘은 바로 믿음에서 비롯된다. 그리고 우리의 강점의 크기는 우리의 믿음의 크기에 좌우 된다. 그렇기 때문에, 우리가 믿는 만큼, 우리의 강점은 그 역할을 해낼 것이다.

세계 최고라고 생각하고, 믿는 사람은 실제로 세계 최

고가 될 것이고, 국내 최고라고 생각하고, 그렇게 믿는 사람은 실제로 국내 최고가 될 것이다. 그리고 사내 최고라고 생각하고, 그것을 그렇게 믿는 사람은 실제로 그렇게 될 것이다.

우리가 믿는 믿음의 크기에 따라, 우리의 강점의 수준이 결정 된다는 사실을 명심하도록 하자. 이왕 시작한 것이라면, 세계 최고가 될 수 있다고 생각하고, 그렇게 믿고, 전진하라. 그렇게 하면 실제로 그렇게 될 것이다. 우리의 인생은 우리가 생각하는 것과 행동하는 것의 부산물에 불과하다. 더 더욱 우리의 강점을 제대로 발견하고, 활용할 경우, 그것은 더욱 확실시 된다. 확신에 찬 생각과 행동은 기적을 일으킨다는 사실을 명심하자.

3. 독특함을 갈망하고 독특함에 인생을 걸어라.

우리의 삶을 위대한 삶으로 이끄는 것은 우리 자신들이 저마다 가지고 있는 강점이다. 그래서 삶이란 우리가 무엇을 하며 살아왔는가 하는 합계가 아니라, 우리의 강점에 얼마나 집중했고, 집중할 수 있는 지의 합계라고 말할 수 있다.

하지만 이렇게 자신의 강점에 모든 것을 쏟아 붓고, 집중할 수 있기 위해서는 청춘을 걸어야 하고, 목숨을 걸어야 하고, 그것을 치열하게 갈망해야 한다. 그러한 갈망에서 실천력과 집중력이 나오기 때문이다.

아무리 많은 일을 하며 살았다 한들, 그것으로 그 사람이 평가 받는 것이 아니라, 그 사람의 최고의 강점이 무엇인가에 의해 그 사람은 평가 받기 때문이다. 그래서 아무리 많은 책을 썼다고 해도 그것 때문에 그 사람을 위대한 작가라고 하지는 않는 다. 하지만 위대한 책을 쓸 수 있는 사람, 즉 셰익스피어와 같은 사람을 우리는 위대한 작가라고 평가한다.

그것은 셰익스피어가 가지고 있는 강점인 글 쓰는 능력이 뛰어나기 때문만은 아니다. 그가 독특함을 갈망하고, 자신의 인생을 걸었기 때문이다. 다시 말해, 우리가 셰익스피어를 평가하는 기준은 그가 얼마나 많은 일을 열심히, 그리고 근면하게 하였느냐가 아니라, 얼마나 뛰어난 작품을 썼는가 하는 것이다. 그것은 다른 말로 하면, 그가 얼마나 독특함을 갈망하였는가 하는 것을 평가하는 것이다. 남들이 잘 하지 못 하는 것을 얼마나 잘하고, 자기만의 방법으로, 자기만의 작품을 잘 쓸 수 있는가는 결국 독특함을 갈망한 정도에 좌우 된다.

마찬가지로 아무리 많은 연구를 하고, 공부를 했다해도 우리는 그 사람을 위대한 사람이라고 평가 하지 않는다. 하지만 아인슈타인을 우리는 위대한 과학자라고 평가 한다. 그것은 아인슈타인이 자신의 강점인 상상하는 능력을 통한 사고실험을 통해 상대성 이론이라는 것을 만들어 낼 수 있었던 사람, 즉 위대한 발견에 목숨을 걸고, 독특함을 갈망했던 과학자였기 때문이다.

이처럼 똑같이 과학을 연구하는 과학자라고 해도, 자

신의 강점을 최대한 활용할 줄 아는 사람은 위대한 과학자로 역사에 남지만, 자신의 강점을 발견조차 하지 못 하고, 그저 과학을 연구하는 과학자는 평범하게 남이 만들어 놓은 이론이나 외우고, 이해하는 데 그쳐야 한다는 것이다. 이것은 과학 분야만 그런 것이 아니다. 모든 분야에서 동일한 현상이 나타난다는 것을 우리는 알 수 있다.

아무리 꿈을 꾸고, 노력을 해도, 자신의 강점을 제대로 파악하지 못 한 채, 그저 꿈만 평생 쫓아가는 사람은 절대 성공할 수 없다. 절대 위대해질 수 없기 때문이다. 자신의 강점과 그 꿈이 일치할 때, 위대한 인간이 탄생하는 것이다. 인류 역사상 위대한 인물들은 누구보다 자신의 강점을 잘 발견하여, 그것에 집중하고, 그것을 자신의 꿈과 비전에 잘 접목시켜, 놀라운 시너지 효과를 창출하였다고 말 할 수 있다.

우리는 위대한 인생을 갈망해야 한다. 우리는 탁월함을 갈망해야 한다. 그래야 위대한 인생을 살 수 있고, 탁월함에 도달 할 수 있기 때문이다. 그리고 그렇게 하는 과정에서 반드시 필요한 것이 바로 강점에 집중하는 것이다. 강점에 집중하지 못 하면, 위대한 인생도, 탁월함도 기대할 수 없기 때문이다.

소가 달구지를 이끌 듯, 우리를 독특함으로 이끄는 것은 그 어떠한 재능이나, 열정이나, 노력도 아니다. 오직 강점이다. 강점에 집중할 때, 참 된 재능이 표출 되며, 참 된 열정과 놀라운 집중력이 흘러나오기 때문이다. 우리가 강점이 아닌 것에 아무리 집중하고, 아무리 노력하고, 아무리 열정을 품으려고 해도, 그것에는 한계가 따르기 마련이다. 그래서 오롯이 집중도 할 수 없고,, 뜨거운 열정도 품을 수 없는 것이다.

그렇기 때문에, 성공의 법칙에 대해 참 된 시너지 효과를 누리고 싶다면, 강점에 집중하는 것이라고 할 수 있다. 강점에 집중할 때, 열정도 더 커지고, 노력도 더 하게 되고, 기쁨과 즐거움도 배가 되기 때문이다. 강점에 집중할 때, 덜 지칠 뿐만 아니라, 오히려 에너지가 충전이 되기 때문에, 더 많은 일을 할 수 있고, 더 집중해서 할 수 있는 것이다. 이러한 많은 유익 때문에, 강점에 집중할 때, 우리는 평범한 사람에서 위대한 사람이 될 수 있고,

평범한 인생에서 위대한 인생으로 도약을 할 수 있는 것이다.

4. 남과 절대로 비교하지 마라.

세상에서 가장 어리석은 사람은 자꾸 남과 비교하고자 하는 사람이다.

저 사람은 저렇게 공부를 잘하는 데 나는 왜 못 하지? 저 사람은 저렇게 키가 큰 데, 나는 왜 작지? 저 사람은 저렇게 잘 사는 데, 나는 왜 못 살지? 저 사람은 저렇게 큰 집에서 사는 데 왜 우리 집은 이리 작지? 저 사람은 나보다 잘난 것도 없는 데 왜 저렇게 승진을 잘 하고, 인정을 받는 거지? 나는 왜 저 사람처럼 말을 잘하지 못하는 거지? 저 사람은 저렇게 운동을 잘 하는 데, 나는 왜 못 하는 거지?

하루에도 수 십 번도 더 우리는 타인과 자신을 비교

하는 경향이 있다. 하지만 절대적인 사실 하나는, 남과 비교하는 사람은 절대 행복할 수 없다는 사실이다. 행복뿐만이 아니라, 남과 비교할 때, 성공도 하기 힘들고, 자신의 강점에 더욱이 집중할 수 없다. 그리고 무엇보다 절대 자신의 강점을 제대로 발휘할 수 없다.

우리가 남과 비교하는 것을 멈출 때, 비로소 우리는 우리 자신의 강점을 제대로 발휘할 수 있게 된다. 그리고 행복한 삶을 살 수 있게 된다는 사실을 명심하자. 남과 비교하지 않을 때 우리는 우리의 강점을 발견해 낼 수 있을 뿐만 아니라, 그것에 오롯이 집중할 수 있고, 그것을 최대한 발휘해 낼 수 있다. 그렇기 때문에 우리는 남과 비교하지 않아야 하는 것이다.

타인이 공부를 해서, 성공을 했다고, 자신도 공부를 해서 성공을 하고자 한다면, 자신의 강점이 무엇인지도 발견해 보지 못 하고, 자신의 강점을 제대로 한 번 발휘도 못 한 채, 평생 타인의 강점인 공부를 자기도 한다고 고생만 하다가, 자신을 잃고, 성공도 잃고, 인생도 잃게 되고 된다. 이것보다 더 큰 낭비가 있을 까?

이 세상에서 가장 가난한 사람은 미소가 없는 사람이라고 한다. 그렇다면 이 세상에서 가장 어리석은 사람은 남과 자신을 비교하는 사람이다. 비교를 통해, 우리는 불행해지기 때문이다. 비교를 통해 우리는 우리의 길을 잃게 되기 때문이다. 비교를 통해 우리는 우리의 강점을 제대로 발휘할 수 없기 때문이다.

그렇다면, 남과 비교하지 않고, 자신의 길을 갈 때, 자기 강점이 잘 발휘될 수 있는 이유는 무엇일까? 그것은 남과 비교할 때, 우리는 자신의 강점보다 타인의 강점에 더 집중하게 되기 때문이다. 그로 인해 우리는 우리의 강점을 상실해 버리고, 타인의 강점이 더 좋은 강점인양, 그것을 흉내 내고, 따라 하기 위해, 아까운 세월을 낭비하게 되는 것이다. 이렇게 되면, 절대 크게 성공할 수 없는 것이다. 이러한 삶의 전략의 더 큰 손해는 자기 자신이 절대 될 수 없다는 것이다.

성공의 필수 조건은 남과 비교하지 않고, 남과 다르게 자신의 강점을 발휘할 수 있는 길을 가는 것임을 명심해야 한다.

“여러분의 성공 여부는 여러분이 얼마나 자기 자신을 믿는 가에 달려 있다.”

라고 로버트 콜리어는 말했다. [나를 부자로 만드는 생각(원제: Be Rich)]의 저자인 그는 성공을 결정짓는 것은 바로 자기 자신이며, 무엇보다도 자기 자신을 얼마나 믿는 가에 달려 있다고 말한다. 그가 그런 말을 한 이유는 무엇일까? 바로 자기 자신을 얼마나 믿는 가에 따라서, 남과 비교하지 않고, 자신의 길을 갈 수 있는 능력이 생기기 때문이다.

우리는 자기 자신을 잘 믿기 위해서 가장 먼저 해야 할 것은 남의 성공과 재능에 집중하지 않아야 하는 것이다. 타인의 성공과 재능에 집중하게 되면, 어느 순간 초라한 자신이 비교가 되기 때문이다.

빨리 성공한 사람, 크게 성공한 사람, 엄청난 재능을 가진 사람들을 자꾸 생각하다 보면, 문득 아직도 성공하지 못 한 자신이 한 없이 작게 느껴지게 되기 때문이다. 그래서 남과 비교하지 말아야 하는 것이다. 남과 다른 자신을 인정하고, 신뢰해야 하는 것이다. 그렇게 할 때 우리는 비로소 자신의 강점을 유감없이 발휘할 수 있기 때문이다.

남과 비교하지 않을 때 우리는 우리 자신을 오롯이 믿을 수 있고, 자신의 강점을 유감없이 발휘할 수 있게 된다. 생각하는 대로, 믿는 대로 우리의 삶은 흘러가게 되어 있기 때문에, 믿음은 매우 중요하다. 믿음의 토대는 생각이다. 그리고 생각의 토대는 바로 자기 자신이다. 남과 비교할 때, 우리의 생각은 마구 흔들리게 되고, 혼란을 겪게 된다.

그렇게 되면 우리는 자신의 페이스를 놓치게 된다. 그 결과 우리는 인생에서 실패를 겪게 될 수밖에 없다. 그렇기 때문에, 우리는 우리의 생각을 지켜야 한다. 그렇게 하기 위해 남과 비교해서는 안 되는 것이다. 뿐만 아니라, 타인과의 삶을 비교하고, 타인의 성공 길을 따라가려고 하면, 반드시 타인의 생각이 개입하게 된다.

그렇게 되면 자신의 생각이 타인의 생각과 섞이게 되어, 생각의 토대가 되는 자기 자신이 상실되게 된다. 자기 자신의 확고했던 생각이 어느 순간 불순물이 섞이게 되고, 그렇게 되면, 생각의 힘, 믿음의 힘이 약화가 되는 것이다. 그렇기 때문에 남과 비교하지 말아야 한다. 우리 자신의 생각과 믿음이 확고하면 할수록, 그 힘과 에너지는 강력하고, 창조적이 된다는 사실을 명심하자.

이런 의미에서 타인의 삶과 타인의 성공을 자신의 것과 비교해서는 안 되는 것이다. 비교 하지 않아야, 우리의 생각이 흔들리지 않을 수 있고, 우리의 생각이 흔들리지 않아야, 우리는 확고한 신념 위에서 강점을 발휘해 낼 수 있기 때문이다.

5. 남과 경쟁하기 위해 시간을 낭비하지 마라.

인도의 어떤 수행자는 자신만의 강점과 자신의 길을 발견하지 못 하고, 방황하다가 강 위에서 물위를 아주 멋지게 걷는 소금쟁이를 우연히 발견했다. 그 순간 그 수행자는 자신의 강점과 자신의 길을 까맣게 잊은 채, 소금쟁이의 강점인 물 위를 걷는 것에 푹 빠져 버렸던 것이다. 그 결과 그는 자신과 소금쟁이를 비교하기 시작 했다.

" 왜 나는 소금쟁이처럼 물 위를 걷지 못 할 까?"

" 나도 연습하고, 노력하면, 소금쟁이처럼 물 위를 걸을 수 있을 까?"

그 때부터 그 수행자는 온통 소금쟁이와 소금쟁이의 강점 생각으로 분주 했다. 자신을 겨우 소금쟁이와 비교를 하기 시작 했고, 그 결과 소금쟁이처럼 물 위를 걷는 것을 너무 부러워하게 되었다. 그래서 그는 소금쟁이처럼 물 위를 걷는 훈련을 시작 했다. 그리고 나서 18년이 흘렀다.

18년 후, 18년 동안 도를 닦아 드디어 물 위를 소금쟁이처럼 걸을 수 있게 되었다. 그래서 너무나 기쁜 나머지 정신적 지도자인 라마크리슈나를 찾아가 의기양양하게 자신의 능력을 고했다.

" 지도자시여, 제가 물 위를 걸어 갠지스 강을 건널 수 있게 되었습니다."

너무나 자랑스럽게 말하는 수행자에게, 눈을 지그시 감고 듣고 있던 라마크리슈나는 차분한 목소리로 물었다.

" 그래 몇 년이나 수련을 했는가?"

수행자는 자랑스러운 표정을 지으며 대답했다.

" 18년이나 수련을 했습니다."

라마크리슈나는 수행자에게 다시 물었다.

" 수행자여, 갠지스 강을 건너는 데 뱃삯이 얼마인가?"

수행자는 이상한 질문에 의아해하면서도 대답을 했다.

" 18루피라고 알고 있습니다."

이 말을 들은 지도자인 라마크리슈나가 수행자에게 다음과 같은 말을 했다.

"자네는 18년 동안 노력해서 겨우 18루피를 번 것이나 다를 바 없네"

이 이야기의 수행자는 자신만이 잘 할 수 있는 자신만의 일을 발견하지 못 한 채, 소금쟁이의 재주를 부러워했던 것이다. 그 결과 그는 자신의 강점이 아닌, 소금쟁이의 강점에 집중하게 되어, 쓸모없는 일에 18년이란 세월을 허비하고 말았던 것이다. 그 이유는 바로 자신과 소금쟁이를 비교했기 때문이라고 말할 수 있다.

이처럼, 우리는 남과 비교할 때, 우리 자신을 잃어버리게 된다. 그래서 자신의 강점에 오롯이 집중할 수 없게 된다. 이 점을 꼭 명심하도록 하자. 절대로 타인과 비교하지 말라. 가장 중요한 목표는 우리 자신이 되는 것이다.

자신의 강점을 발휘할 수 있는 자신만의 길을 끝까지 갈 수 있게 해 주는 힘은 바로 의미와 가치이다. 그래서 자신의 강점을 발휘하며 평생 그 길을 가기 위해서는 자신의 인생길에 의미를 부여해야 한다. 의미를 부여할 때, 어떠한 시련과 고난도 우리는 거뜬히 이겨 낼 수 있을 뿐만 아니라, 자신의 강점을 더욱 더 많이, 크게 발휘해 낼 수 있다.

이런 이유 때문에, 크게 성공한 기업가들과 예술가들은 자신의 일에 철학을 가지고 있는 것이다. 그래서 자신이 하는 일이 단순히 돈벌이의 차원을 넘어, 자신과 자신의 삶에 의미와 가치를 부여할 수 있는 소명의 차원이 되기도 하는 것이다. 뿐만 아니라, 강점을 발휘할 수 있는 일을 할 때, 그 일은 자신을 일깨우고, 자신의 인생의 가치와 의미를 깨닫게 되는 자기만의 철학을 만들 수 있도록 놀라운 통찰력을 제공해 준다.

삶의 의미에 대해 가장 많이 알려지고, 유명한 철학자 중에 한 명은 뭐니뭐니해도 세계적인 심리학자이며, [죽음의 수용소에서]라는 책으로 우리에게 큰 감동을 주어, 우리에게도 잘 알려진 빅터 프랭클(Viktor Emile Fankl) 박사일 것이다. 그는 여러 권의 저서를 통해, 삶의 의미에 대해 매우 심도 있게 설명하고 있다.

그는 우리가 삶의 의미를 가지고 있다면, 견딜 수 없는 시련은 이 세상에 어떤 것도 없다라고 주장한다. 삶의 의미를 가지고, 그 의미를 되새기며 산다면, 어떠한 힘든 삶이라도 우리는 살아 낼 수 있다는 사실을 피력한다. 그래서 무엇보다 삶의 의미를 찾으려는 노력이 중요하다는 사실을 설파하고 있다. 현대인들의 정신 건강을 위협하는 많은 스트레스와 삶의 모순을 치료하는 가장 강력한 방법이 또한 삶의 의미를 발견하는 것이라고 한다.

그리고 무엇보다 우리가 가장 자신다운 삶에 의미를 부여하게 되면, 그 삶은 매우 단단하게 되어, 고착화되기 때문에, 어떠한 유혹에도 쉽게 흔들리지 않는 견고한 삶이 될 수 있다. 그래서 의미를 부여하는 것은 매우 중요한 것이다.

진정한 성공은 돈을 많이 버는 것, 그 이상이다. 그렇기 때문에, 자신의 삶에 의미를 부여하지 않는 다면, 참된 성공도 할 수 없다는 결론에 도달할 수 있다. 그렇기 때문에, 우리는 의미를 부여해야 한다.

남과 달라야 남은 물론 자신을 이길 수 있는 세상이다. 과거에는 남을 따라 하면, 2등을 할 수 있었고, 2등도 어느 정도 생존이 가능했지만, 이제는 승자 독식 사회이다. 그래서 남을 따라 하면, 절대로 생존할 수 없는 시대이다.

자신만의 차별화가 매우 큰 경쟁력인 시대에 살고 있다. 그렇기 때문에도 우리는 자신 만의 삶에 큰 의미를 부여해야 한다. 그렇게 의미를 부여할 때, 무엇보다 가장 자신다운 삶에 의미를 부여하는 것이 중요하다.

6. 자신만의 길을 갈 때 위대해 질 수 있다.

한국인들의 평균 지능지수는 106 이라고 연구 결과 밝혀졌다. 오차를 감안해도, 국민 평균 지능지수로는 세계 최강이다. 1등 지능의 국민들이다. 하지만 우리나라의 교육은 남과 달라지는 교육이 아니라, 남과 같아지는 교육이다. 그래서 표준화 평준화 규격화 통일화를 주장하고, 결국에는 천재들이 대학교에 입학하면, 졸업할 때는 평준화되어 졸업하는 나라가 우리나라이다.

그래서 아무리 지능이 뛰어난 국민들이 많아도, 아무리 석, 박사들이 차고 넘쳐도, 노벨상 수상자가 학문 분야에서는 아직 한 명도 없다. 이것은 기적이다. 그렇게 학구열이 강하고, 그렇게 공부에 목을 매는 나라, 그렇게 학벌 위주의 나라에 노벨상 수상자가 한 명도 없다는 것은 세계 7대 불가사의에 추가해 넣어야 한다.

유태인들은 우리 국민들에 비하면, 지능지수가 매우

낮은 국민들이고, 민족들이다. 조사 결과 96 정도 밖에 나오지 않았기 때문이다. 하지만 그들의 인구를 감안해 보면, 그들이 노벨상의 30~ 40%를 오랫동안 휩쓸고 있다는 사실은 매우 충격적이다. 노벨상뿐만 아니라, 미국에서 상위 1% 부자에 유태인들이 차지하는 비율은 신기에 가깝다. 미국의 돈의 절반 이상은 유태인들이 장악하고 있는 것처럼 보인다. 과연 그들의 저력은 무엇일까?

바로 남과 달라지는 전략을 뛰어넘어 가장 자신다운 삶을 추구하기 때문이라고 할 수 있다. 남과 다른, 가장 자신다운 삶을 가장 중요하게 여기고, 그러한 삶을 지향하기 때문에, 그들은 세상에 없는 것들을 수도 없이 창조해 내고, 만들어 내었던 것이다. 남과 달라진다는 것은 바로 가장 자기 자신 다운 삶을 사는 전략이라고 말 할 수 있다.

우리는 가장 자신다운 삶을 살아야 한다. 그것이 어쩌면 우리에게 부여된 우리의 사명인지도 모른다. 그렇다면 가장 자신다운 삶을 산다는 것은 자신에게 부여된 자신만의 강점을 발휘하며 사는 삶이라고 할 수 있다. 이러한 사실에 우리는 주목을 하고, 의미를 부여해야 한다. 의미가 부여 되었을 때, 그 삶은 더욱 더 강한 삶이 될 수 있기 때문이다.

누군가를 모방하며 벤치마킹할 때, 최고의 성과를 거둔다는 것은 그 사람만큼 된다는 것이다. 하지만 다른 사람을 모방하지 않고 자신의 길을 갈 때에는 세계 최고가 될 수 있다. 자신만이 온리원이기 때문에 그것이 가능하다.

자신만이 그 길을 가기 때문에 경쟁자가 거의 없다. 하지만 다른 사람을 벤치마킹하고 흉내 내는 길은 비교 대상이 너무나 많기 때문에 따라가는 것만 해도 힘들고, 버겹다. 큰일을 해내기도 전에 모든 에너지를 탕진해 버린다.

너무나 잘하는 사람들이 많기 때문에 아무리 해도 좀처럼 빛을 보지 못 한다. 그렇기 때문에 우리는 자신만의 독특한 길을 창조하고, 그 길을 가야 한다. 그렇게 할 때 새로움을 이 세상을 선사할 수 있고 그것은 그것 자체로

이 세상에 유익을 줄 수 있다. 가장 자신다운 길을 스스로 개척해 나갈 때 가장 큰 성공과 가장 큰 의미를 발견할 수 있다.

자기 경영을 통해, 우리가 최고의 삶을 살기 위해서 마지막으로 우리가 명심해야 하는 한 가지 사실은 "당신은 유일무이한 특별한 존재" 라는 사실이다. 이 세상에서 당신이 하고자 하는 그 일, 그리고 지금 하고 있는 그 일을 당신처럼 잘 할 수 있는 사람은 절대없다라는 사실을 믿으라는 것이다. 왜냐하면 그것이 옳은 말이기 때문이다.

" 이 세상에서 그것을 가장 잘 할 수 있는 사람은 바로 당신이다. 이 사실을 절대 의심하지 말라. 그리고 끝까지 전진하라. 이것이 자기 경영의 근간이 되는 마인드이다. "

이 세상에서 당신은 유일무이한 존재이다. 그렇기 때문에 당신이 가진 당신만의 강점도 유일무이한 것이다. 그러므로 오직 이 세상에 그것을 당신처럼 해 낼 수 있는 사람은 당신뿐임을 믿으라. 당신은 당신의 생각보다 훨씬 더 특별한 존재임을 말이다.

자기 자신을 좀 더 크게 규정하라. 그러면, 자신의 능력도, 더욱 더 향상 될 것이다. 세상에서 자신이 최고라고 규정해 보라. 놀라운 일이 생길 것이다. 정말 그렇게 된다는 것이다. 자기 경영을 실천하는 당신은 이제부터 세계 최고가 될 수 있을 것이다. 믿고, 실천하고, 전진하라.

7. 길게, 멀리, 크게 내다볼 때 독특함을 갖출 수 있게 된다.

인내심이 부족하고, 열정이 없어서, 또는 수많은 실패와 현실의 벽 때문에, 끝까지 자기 자신만의 길을 가지 못 하는 사람들이 적지 않다. 아무리 위대한 위인들도 이러한 위기가 없는 것은 아니다.

오랜 세월 한 분야를 고수하며, 끝까지 포기 하지 않고, 그 길을 가다 보면, 상상도 할 수 없는 많은 위기와 시련이 닥쳐온다. 그래서 끝까지 그 길을 고수하며, 나아가는 사람들은 그 자체만으로도 매우 큰일을 해 낸 것이라고 할 수 있다.

그렇다면, 이렇게 큰 위기와 시련 앞에서 어떻게 해야 끝까지 자신만의 길을 고수하며, 자신의 강점을 끝까지 발휘해 내며, 살아 낼 수 있을 까? 그 비결은 무엇일까?

그 비결은 '인생을 길게, 멀리, 크게 내다보라' 는 것이다. 눈앞의 현실에 일희일비하지 말라는 것이다. 항상 십 년 후, 이십 년 후, 삼십 년 후를 생각해 보라는 것이다. 지금 당장은 쉽고 편한 길, 넓은 길, 남들이 다 가는 길을 묻어서 가는 것이 이익인 듯 보일 수 있다. 그래서 자신만의 길을 포기하는 사람들이 많다. 어떤 사람들은 현실의 벽에 가로 막혀서, 꿈을 포기하기도 한다. 하지만 과연 그것만이 최선의 선택은 아님을 알아야 한다.

지금 당장 처자식을 먹여 살려야 하는 그런 상황에 놓인 가장이 있다. 그래서 그들을 먹여 살리고, 가장의 책임을 다하기 위해서는 꿈도 포기하고, 자신의 강점도 내버리고, 그냥 돈을 벌 수 있는 회사에 취직하여, 돈을 벌어야만 한다면, 당신은 어떻게 할 것인가?

눈앞만 생각한다면, 이럴 경우, 생계를 위해서, 회사에 취직하여, 돈을 버는 것이 최선책이라고 할 것이다. 그래서 꿈도 포기하고, 자신의 강점과 아무 관련이 없는 일, 하기 싫은 일을 어쩔 수 없이 선택하여, 하루하루 돈 벌이에만 급급한 삶을 살아가게 될 것이다.

하지만 이런 사람들은 당장 눈앞에만 보기 때문에, 십 년 후, 이 십 년 후가 되면, 자신의 인생을 가족을 위해 희생해 버렸다고 하소연하면서, 후회하게 될 것이 뻔하다. 그 중에는 후회까지는 하지 않더라도, 정말 최고의 인생을 살지 못 한 것은 자명한 사실이다. 자신의 꿈을 포기하고, 자신의 강점을 발휘하는 그러한 인생을 살지 못 했기 때문이다.

하지만 똑 같은 현실과 형편의 사람일지라도 눈앞만 보지 않고, 인생을 길게, 멀리, 크게 내다 볼 줄 아는 사람이었다면, 아무리 힘들더라도 자신의 꿈을 포기 하지 않았을 것이고, 자신의 강점을 끝까지 발휘했을 것이다. 그 결과 십 년 후, 이십 년 후가 되면 될수록, 그는 자신의 선택에 대해 감사를 하게 될 것이고, 최고의 인생을 살아갈 수 있을 것이다.

8. 포기하지 않고 인내할 때 독특함에 이르게 된다.

우리의 성공을 가로 막는 것은 다름 아닌 바로 연약한 우리 자신인 것이다. 현실에 굴복하고, 눈앞만 바라보는 근시안적 시야를 가진 나약한 자기 자신인 것이다. 우리가 인생을 최고로 살고자 한다면, 우리는 우리가 선택한 그 분야에서 최고가 되어야 한다. 즉 천재가 되어야 한다. 그리고 천재가 되기 위해서 가장 필요한 조건은 바로 포기 하지 않고, 끝까지 하는 힘이다. 이러한 사실을 벤자민 프랭클린은 다음과 같이 피력한 바 있다.

“ 천재는 단지 인내하는 습관을 기른 사람일 뿐이다.”

이처럼, 끝까지 포기하지 않고 인내할 수 있는 사람만이 천재가 될 수 있는 것이다. 아무리 재능이 많다 해도, 그 사람을 진정한 천재로 거듭나게 하는 것은 인내인 것이다.

어떤 분야에서건 최고가 된 사람들은 날마다 자신의 길을 묵묵히 갔던 사람들이다. 날마다 자신의 강점을 발휘해 낼 때, 어느 순간 그것들이 모두 모여, 위대한 작품으로, 위대한 성과로 눈에 보이게 되는 것이다.

위대한 작곡가들도 이런 사실에서 예외는 아니다. 그들이 눈앞만 바라보았다면, 절대로 작곡에 몰두할 수 없었을 것이다. 하지만 그들은 자신의 인생을 멀리, 그리고 크게 내다 볼 줄 알았기 때문에, 매일 자신의 일에 스스로 몰두할 수 있었고, 세상의 다른 것들을 다 극복해 낼 수 있었던 것이다. 그렇게 몰두 할 때, 없던 에너지와 창의성과 의욕이 생겨난다는 사실을 우리는 알아야 한다.

“ 위대한 작곡가는 영감이 떠오른 뒤에 작곡하는 것이 아니라, 작곡을 하면서 영감을 떠올린다. 베토벤, 바그너, 바흐, 모차르트는 경리사원이 매일 수치 계산을 하듯, 매일같이 책상 앞에 앉아 작곡을 했다. 그들은 영감을 기다리며 시간을 허비하지 않았다. “

라고 어니스트 뉴먼(Ernest Newman)은 말했다. 그의 말을 다시 이렇게 말해도 될 것 같다. “ 위대한 작곡가들조차도 의욕이 샘솟았기 때문에 매일같이 그들이 작곡에 몰두할 수 있었던 것은 아니다. 위대한 작곡가들은 매일같이 의자에 앉아 자신의 일을 했기 때문에, 의욕이 샘솟았던 것이다.” 라고 말이다.

이처럼 우리가 매일 같이 강점을 발휘할 수 있는 삶을 살기 위한 최고의 방법은 매일 같이 그 일을 손에서 놓지 않는 것이다. 매일 같이 정해진 시간에 그 일을 붙잡고 하라는 것이다. 이것 말고는 그 어떠한 방법도 존재하지 않는 다.

9. 멀리 내다볼 때 확신이 생긴다.

강한 자기 확신, 즉 자신감보다 더 큰 자기 경영의 토대가 되는 것은 없기 때문이다. 자신감이 없다면, 자신의 강점에 끝까지 집중할 수도 없으며, 자기 강점을 멋지게 발휘해 낼 수도 없기 때문이다. 우리가 잘 알고 있는 위대한 성공을 거둔 워렌 버핏도, 워싱턴 대통령도, 미국에서 한때 가장 유명한 동양인 배우가 되었던 이소룡도, 한국에서 최고의 축구 선수인 박 지성도, 세계 최고의 희극배우인 찰리 채플린도 모두 자신감 때문에 지금의 정상의 자리에 오를 수 있게 되었다는 사실을 아는가?

워렌 버핏은 자신이 얼마나 강한 자신감을 가지고 있었는지에 대해 다음과 같이 말한바 있다.

" 나는 내가 거부가 되리라는 사실을 의심해 본 적이 단 한 순간도 없다."

얼마나 강한 자신감인가? 보라, 우리에게 필요한 것은 재능과 열정과 근면이 아니라, 자신감이 아니던가! 조지 워싱턴 대통령의 경우도 살펴보자.

" 나는 미국을 독립시키고, 대통령이 될 것이다."

이렇게 강한 자신감을 가졌기 때문에, 그는 대통령이 될 수 있었던 것이다. 이렇게 자신감을 가지고 있었던 사람들은 그 뿐만이 아니었다. 우리에게도 매우 익숙한 이 소룡의 경우를 살펴보자.

" 나는 1980년에 미국에서 가장 유명한 동양인 배우가 되어 있을 것이다."

찰리 채플린이 고아원에서, 먹을 것이 없어 먹을 것을 찾아 헤매던 그 암울한 시절에도, 세계 최고의 배우가 될 것이라는 자신감을 잃지 않고, 가지고 있었다는 사실을 아는가?

" 인간에게 가장 중요한 것은 자신감을 갖는 것입니다. 고아원에서 먹을 것을 찾아 헤매던 그 시절에도 나 자신은 늘 세계 최고의 배우라고 생각했습니다."

박지성의 경우도 우리에게 큰 확신을 준다. 그는 고등학교 축구 선수 때 까지도 우리에게 많이 알려지지 않은 평범한 선수였다. 하지만 그는 지금 세계적인 축구 선수가 되어 있다. 그 비결은 무엇일까? 바로 자신감이었다. 자신이 뛰어난 선수로 인정을 받지 못 했던 그 시절에도, 그는 항상 다음과 같이 자신에게 말을 하면서, 자신감을 잃지 않았다고 한다.

" 나는 무조건 성공 한다. 무조건 잘 될 것이다. 나는 최고의 선수다."

위대한 성공을 거둔 이들이 가지고 있었던 공통점 중에 하나가 엄청난 자신감이라는 사실을 우리는 명심하자. 그리고 우리도 자신감을 가져 보자. 자기 경영은 멀리 내다보고, 크게 생각할 수 있어야 가능하다. 그렇게 할 때 자신감이 생기며, 성공에 대한 확신도 생기기 때문이다.

episode _ 독특함의 대가를 직접 만나라. VIII

독특함의 대가 VIII - 빈센트 반 고흐

"나는 그림을 팔기 위해 그리지 않았다.
살아 있기 위해 그렸다."

빈센트 반 고흐는 살아생전 단 한 점의 그림만을 팔았다. 그는 실패한 화상(畫商)이었고, 실패한 전도사였으며, 사회적으로는 철저히 부적응자였다.

그의 삶은 가난했고, 정신은 늘 불안정했으며, 세상은 끝내 그를 이해하지 못했다. 그러나 단 한 가지, 그는 자신이 무엇을 해야 하는지는 끝까지 알고 있었다.

그는 색을 남들과 다르게 보았고, 사물을 남들과 다르게 느꼈으며, 세상을 남들과 전혀 다른 방식으로 해석했다.

그의 독특함은 그를 파괴하는 동시에, 그를 완성시켰다.

만약 그가 조금 더 세상에 맞추고, 조금 더 평범해지려고 노력했다면, 우리는 오늘날 인류 역사상 가장 강렬한 예술 세계 중 하나를 결코 만나지 못했을 것이다.

빈센트 반 고흐는 말없이 증명한다.

독특함은 반드시 성공으로 보상받지 않을 수도 있지만,

위대함으로는 반드시 남는다는 사실을.

에필로그_자신을 비범하게 만드는 독특함을 발견하라.

“ 여러분이 선택만 한다면, 나이나 환경에 상관없이 인생의 황금기가 바로 여러분 앞에 펼쳐질 것이다. 왜냐하면, 여러분의 잠재력 중 90퍼센트가 아직 계발되지 않았으며, 사용되고 있지 않을 뿐 아니라, 발견조차 되지 않고 있기 때문이다. 이는 우리에게 믿어지지 않을 만큼 아주 좋은 뉴스이다. “

< 할 어반의 [인생의 목적] 중에서 _ 팀 핸젤의 말, 23쪽 >

이 말은 할 어반의 [인생의 목적]이란 책에 소개된

탐험가이자 연설가인 팀 핸젤의 말이다. 우리는 그의 말을 잘 명심해야 할 필요가 있다. 왜냐하면 그의 말은 아주 잘 이 책의 주제를 간단하게 정리해 놓은 것과 일맥상통하기 때문이다.

그의 말처럼, 우리가 우리의 강점이 될 수 있는 잠재력을 발견조차 하지 않고 있기 때문에, 아직 인생의 황금기가 우리 앞에 펼쳐지지 않은 것이라고 생각해야 한다. 우리가 미처 발견조차 하지 못 했던 잠재력인 강점을 발견하고, 사용하기만 한다면, 우리는 나이나 환경에 상관없이 우리의 인생의 황금기가 우리 눈앞에 펼쳐질 것이라고 확신 할 수 있다.

인생의 황금기는 바로 자신만이 할 수 있는 자신의 길을 자신의 강점을 최대한 발휘하며, 최고로 살아 갈 수 있는 인생 시기이다. 이러한 인생 시기를 살기 위해, 필요한 것이 바로 자기경영이다.

우리는 자신의 강점을 발견하고, 그것에 집중하여, 그것을 최대한 발휘해 낼 수 있는 강점 경영식 자기 경영을 통해, 최고의 인생을 살 수 있고, 최고로 살아 갈 수 있다. 이것이 이 책이 말하고자 했던 주제이기도 하다. 타인의 삶을 모방하고, 타인의 길을 따라 가게 되면, 요행히 성공을 한다 해도, 그것은 참 된 의미의 성공이라고 할 수 없다.

무엇보다 성공을 했지만, 자신은 온데간데없어지고 만다. 자신의 존재 가치와 목적, 삶의 의미가 모두 상실되어 버리기 때문이다. 이러한 것들을 모두 더욱 가치 있는 것들로 만들면서, 성공까지 할 수 있는 전략이 바로 자기경영이라고 할 수 있다.

위대한 철학자 토머스 칼라일은 " 각 개인이 부여받은 능력만큼 되도록 하자." 라고 말한바 있다. 어떻게 보면, 이보다 더 명확하게, 그리고 간결하게 인생의 의미와 성공에 대해 설명한 경우를 찾아보기는 쉽지 않을 것 같다.

이 세상에는 너무나 많은 사람들이 자신에게 부여 된 능력을 제대로 발휘하지 않은 채, 인생을 낭비하며 살다

가는 것을 볼 수 있다. 이러한 불행을 막기 위해 가장 필요한 것은 바로 강점경영위주의 자기 경영 전략이라고 말 할 수 있다.

모쪼록 이 책을 읽은 독자들은 모두, 자신의 강점을 잘 경영하여, 최고의 인생, 최고의 삶을 최고로 살아 갈 수 있게 될 것이라고 믿어 의심치 않는 다.

자신을 위대하게 만드는 인생길은 결국 자신의 내면을 응시할 때 발견할 수 있다. 독특함의 본질은 자신의 내면에 있다. 누구나 독특함을 갖고 태어났다. 그렇기 때문에 당신이 위대해지는 유일한 길은 당신의 내면에 있는 독특함을 발견하고 깨우는 것이다.

판권

초판 인쇄: 2026년 1월 25일
초판 발행: 2026년 1월 25일

펴낸이: 김병완
펴낸곳: (주) 플랫폼연구소

출판등록: 제 2020-000075호

이메일: pflab2020@naver.com

주소:서울시 강남구 삼성동 116 백우빌딩 402호

ISBN 979-11-24195-73-4(03190)